José E. Moral García
Emilio J. Martínez López
Alberto Grao Cruces

SEDENTARISMO, SALUD E IMAGEN CORPORAL EN ADOLESCENTES

Título:	SEDENTARISMO, SALUD E IMAGEN CORPORAL EN ADOLESCENTES
Autores:	José E. Moral García; Emilio J. Martínez López; Alberto Grao Cruces
Editorial:	WANCEULEN EDITORIAL DEPORTIVA, S.L. C/ Cristo del Desamparo y Abandono, 56 41006 SEVILLA Tlfs.: 954656661 www.wanceulen.com infoeditorial@wanceulen.com
ISBN:	978-84-9993-308-5
Dep. Legal:	SE 552-2013
©Copyright:	WANCEULEN EDITORIAL DEPORTIVA, S.L.
Primera Edición:	Año 2013
Impreso en España:	Publidisa

Reservados todos los derechos. Queda prohibido reproducir, almacenar en sistemas de recuperación de la información y transmitir parte alguna de esta publicación, cualquiera que sea el medio empleado (electrónico, mecánico, fotocopia, impresión, grabación, etc.), sin el permiso de los titulares de los derechos de propiedad intelectual. Cualquier forma de reproducción, distribución, comunicación pública o transformación de esta obra solo puede ser realizada con la autorización de sus titulares, salvo excepción prevista por la ley. Diríjase a CEDRO (Centro Español de Derechos Reprográficos, www.cedro.org) si necesita fotocopiar o escanear algún fragmento de esta obra.

Índice

Introducción 9

Hábitos sedentarios en la adolescencia, salud y estilo de vida e imagen corporal 11

1. Hábitos sedentarios en la adolescencia 11
   1.1. El sedentarismo en la adolescencia 11
   1.2. Problemas derivados del sedentarismo y su relación con el índice de masa corporal 15
   1.3. Sedentarismo y actividad física entre los adolescentes. 16
   1.4. Ocupación del tiempo libre en la adolescencia 20
2. El estilo de vida elemento principal en la mejora de la salud. 22
   2.1. Concepto de salud y estilo de vida 22
   2.2. Estilo de vida 24
   2.3. Condición física y salud corporal 27
   2.4. Beneficios saludables derivados de la práctica de actividad física 29
   2.5. Relación entre práctica de actividad física y los hábitos saludables 34
   2.6. Recomendaciones de actividad física enfocadas hacia la salud 35
3. Imagen corporal y autoestima 39
   3.1. Autoconcepto y ejercicio físico en la adolescencia 39
   32. La autoestima y su relación con el deporte 42
   3.3. Autoconcepto físico y género 46
   3.4. Autoconcepto físico y edad 48

Estudio sobre las conductas sedentarias, salud e imagen corporal en adolescentes 51

1. Diseño 51
2. Objetivos 52
3. Participantes en el estudio 54
4. Instrumentos 57
5. Procedimiento 60

6. Análisis estadístico y variables dependientes e independientes 63

Resultados relacionados con el sedentarismo, salud e imagen corporal 65

1. Resultados relacionados con los hábitos sedentarios 65
   1.1. Grado de sedentarismo adolescente en función del número de horas ante la televisión durante los días escolares 66
   1.2. Grado de sedentarismo adolescente en función del número de horas ante el ordenador durante los días escolares 70
   1.3. Grado de sedentarismo adolescente en función del número de horas invertidas en hacer los deberes durante los días escolares 74
   1.4. Grado de sedentarismo adolescente en función del número de horas ante la televisión durante el fin de semana 78
   1.5. Grado de sedentarismo adolescente en función del número de horas ante el ordenador durante el fin de semana. 83
   1.6. Grado de sedentarismo adolescente en función del número de horas invertidas en hacer los deberes durante el fin de semana 87
2. Análisis de las conductas sedentarias en la adolescencia desde diferentes perspectivas 92
   2.1. Hábitos sedentarios en función del sexo 92
   2.2. Hábitos sedentarios en función de la edad 97
   2.3. Hábitos sedentarios en función del IMC 100
   2.4. Hábitos sedentarios en función del nivel socioeconómico 100
   2.5. Hábitos sedentarios en función de la población 101
   2.6. Comparativa entre la percepción sobre las conductas sedentarias de la presente investigación y los estudios HBSC 2002 y 2006 102
3. Resultados relacionados con el nivel de salud 115
   3.1. Grado de salud adolescente autopercibida 116

3.2. Grado de salud adolescente en función de la frecuencia con que en los últimos seis meses ha tenido dolor de cabeza, dolor de estomago, dolor de espalda, estado triste, irritabilidad, mal humor, sentido nervioso, dificultades en conciliar el sueño y sentido vértigo 120

3.3. Grado de salud adolescente en función de la ubicación en la escalda de vida, donde 10 es la mejor vida posible para ti, y 0 es la es la peor vida para ti 124

4. Análisis de la salud autopercibida en la adolescencia desde diferentes perspectivas 128

4.1. Percepción de salud en función del género y la edad 129

4.2. Percepción de salud en función del nivel de actividad física 132

4.3. Percepción de salud en función de la imagen corporal 133

4.4. Comparativa entre la salud de la presente investigación y los estudios HBSC 2002 y 2006 134

5. Resultados relacionados con la imagen corporal 138

5.1. Grado de satisfacción adolescente con su físico en función de la opinión que tienen acerca de su cuerpo 139

5.2. Grado de satisfacción adolescente con su cuerpo en función del seguimiento de algún tipo de dieta como método para perder peso corporal 144

6. Análisis de la imagen corporal en la adolescencia desde diferentes perspectivas 149

6.1. Imagen corporal en función del género 150

6.2. Imagen corporal en función del nivel de actividad física 152

6.3. Imagen corporal en función de la satisfacción con la escuela 155

6.4. Imagen corporal en función del índice de masa corporal 156

6.5. Comparativa entre la percepción sobre la imagen corporal de la presente investigación y los estudios HBSC 2002 y 2006 157

Bibliografía 165

INTRODUCCIÓN

En la actualidad existe un consenso generalizado a nivel científico que manifiesta los beneficios que aporta la práctica de actividad física (AF) para la salud, tanto a nivel físico (Cantera y Devís, 2002; Kamarudin y Omar-Fauzee, 2007) como psicológico (Van Praagh, 2002), así como los perjuicios producidos por hábitos inadecuados derivados del sedentarismo (Bailey, 2006; Hancox y Poulton, 2006). Aunque la sociedad actual dispone de mayor información sobre todos los indicadoras anteriores, desde un tiempo a esta parte han aumentado los hábitos de vida poco saludables, que contribuyen a una pérdida progresiva de la calidad de vida de los jóvenes, como por ejemplo el incremento de peso (Cantera, 1997; Castillo y Balaguer, 1998; Sallis y cols., 2000; Ceballos, 2001), pérdida de salud (Arruza y cols., 2008; Valois, Umstattd, Zullig y Paxton, 2008) e incremento del sedentarismo (Kautiainen, Koivusilta, Lintonen, Virtanen y Rimpela, 2005; Román, Serra, Ribas, Pérez y Aranceta, 2008).

Igualmente el ámbito escolar influye decisivamente en la formación y educación del individuo, pudiendo las clases de Educación Física (EF) contribuir al desarrollo integral de la persona, siendo un pilar básico la práctica de AF (Mendoza y cols., 1994; Costa y López, 2000; Nacional Association for Sport and Physical Education, 2005).

El presente trabajo está dirigido a conocer cómo se manifiestan los parámetros de bienestar y estilos de vida saludables en escolares andaluces de entre 13 y 16 años durante el curso escolar. Para abordar este estudio se ha elegido el cuestionario como método de trabajo, el cual viene siendo una herramienta utilizada en muchas investigaciones como forma de conocer la realidad presente.

Desde una perspectiva más teórica, este estudio permite observar la evolución que ha experimentado la práctica de la AF, comparado con otros estudios de metodología similar realizados en diferentes grupos poblacionales y periodos históricos distintos. El objetivo principal del presente estudio pretende conocer el nivel sedentarismo de los escolares andaluces. En base a las diferentes evidencias científicas constatadas se puede hipotetizar que los varones son más sedentarios que las mujeres, el sedentarismo se hace más acusado entre los sujetos de mayor edad, y en el periodo extraescolar (fin de semana) los adolescentes dedican más tiempo al ocio sedentario en comparación a los días laborables.

La estructura del estudio diferencia varios capítulos repartidos en dos bloques: Primer bloque que contiene aspectos teóricos sobre el sedentarismo y adolescencia, y un segundo que incluye aspectos metodológicos relativos al diseño y procedimiento para llevar a cabo el estudio. Finalmente, se analizan los resultados y se discute los aspectos más relevantes realizando una comparativa con los países más relevantes de nuestro entorno.

HÁBITOS SEDENTARIOS EN LA ADOLESCENCIA, SALUD Y ESTILO DE VIDA, IMAGEN CORPORAL Y AUTOESTIMA

1. HÁBITOS SEDENTARIOS EN LA ADOLESCENCIA

1.1. El sedentarismo y la adolescencia

La AF se relaciona con el movimiento mientras que el sedentarismo es la conducta contraria. Hay multitud de actividades denominadas como sedentarias, con un gasto energético por debajo de lo requerido para ser consideradas como AF. De entre las más habituales se encuentran ver la televisión, los videojuegos, el ordenador, tiempo destinado a hacer los deberes, así como escuchar música.

La inactividad física se ha identificado como un importante factor de riesgo de enfermedad coronaria, así como asociado a la mortalidad prematura y a la obesidad. No es de extrañar, entonces, que los programas de EF hayan adquirido tanta importancia, puesto ofrecen oportunidades de promover la AF entre todos los jóvenes, siendo considerados como una estrategia rentable para influir en la próxima generación de adultos para propiciar unos estilos de vida activos (Bailey, 2006).

El sedentarismo aparece unido a la obesidad en muchas ocasiones, por tanto como elementos que ayudan a la prevalencia del sobrepeso se encuentran el uso de las nuevas tecnologías, la televisión, así como los videojuegos y el ordenador (Martínez, 2000; Kautiainen y cols., 2005), existiendo relación entre la grasa corporal y la cantidad de horas invertidas en el visionado de la televisión (Jago y cols., 2005; Hancox y Poulton, 2006).

En el mundo desarrollado y tecnificado en el que estamos

inmersos, hay menos necesidad de movimiento y ejercicio físico. Valga como ejemplo los importantes avances en domótica, que facilitan y reducen el compromiso motor de los sujetos, la incorporación de aparatos como el lavavajillas, aspiradora, lavadoras, etc. han hecho que nuestros miembros superiores tengan menos actividad. Algo similar sucede con los miembros inferiores, donde su trabajo se ha visto relegado por los medios de transporte, las escaleras mecánicas, los ascensores y demás avances. Dicho estilo de vida se inicia en la infancia y contribuye de forma decisiva a la enfermedad hipocinética (Blasco, 1994), todo esto hace que los sujetos se encuentren mal adaptados a un estilo de vida donde hay una gran disponibilidad de alimentos y poca necesidad de moviendo físico (Rodríguez, Márquez y De Abajo, 2006).

La ausencia de todo esto es que la vida se ha facilitado enormemente, resultando más complicado encontrar tiempo y motivación suficiente para realizar AF dentro de los parámetros saludables. Los datos estiman que el 70% de la población, en los países desarrollados, no realiza la cantidad suficiente de AF como para mantener unos niveles de salud adecuados y controlar su peso corporal (Rodríguez, Márquez y De Abajo, 2006).

En los estudios de Kautiainen y cols. (2005) y Jago y cols. (2005) no se encontró la misma relación entre el uso de videojuegos y el incremento del sobrepeso de los chicos, siendo los chicos más activos los que destinaban más tiempo a estas actividades. Esta tendencia sedentaria mayor en las mujeres también se expresa en el estudio de Mendoza (1995) donde se concluye con un incremento del sedentarismo juvenil, mayor en los sujetos de edad superior.

El niño en la infancia es un ser físicamente activo decreciendo este nivel de práctica de AF conforme se incrementa su edad. En España, cuando aumentan los años desciende el tiempo destinado a la práctica de actividades físico-deportivas, siendo esta situación más aguda entre las chicas (Montil, Barrionuevo y Oliván, 2005).

El nivel de práctica de AF de los sujetos fluctúa con el paso del tiempo, como demuestran los datos de la Encuesta Nacional de

Salud que periódicamente viene aportando el Ministerio de Sanidad y Consumo. Los niveles de AF aparecen estables desde 1993 hasta 2001, momento en el cual se produce un ligero descenso llegando a su cota más baja con el 22%. Por su parte el entrenamiento físico varias veces a la semana aumentó hasta 1997, y en 2001 descendió hasta situarse en el 16.3% (Ministerio de Sanidad y Consumo, 2006). De la comparativa de estos datos, con la misma encuesta, pero en edades superiores de advierte como los sujetos de mayor edad siguen parámetros sedentarios en porcentajes más elevados que los jóvenes. En concreto, los chicos de entre 0-15 años el 21.3% afirma no hacer nada de ejercicio físico, por el 46.6% de los que tiene 16 o más años.

La inactividad física como ha quedado demostrado es una de las principales causas ayudantes de enfermedad o muerte. A pesar de que en la actualidad hay mucha información sobre los beneficios de llevar una vida activa, la realidad es que las personas adultas demuestran una menor participación deportiva conforme avanza la edad, siendo más inactivas las de edad avanzada, los que tienen menos formación y procedentes de estratos sociales más deprimidos (Casimiro, 1999).

Lasheras y cols. (2001) llevaron a cabo un estudio en España sobre la práctica de AF en sujetos de 6 a 15 años de edad, donde se concluyó que los el 39% de los casos hacen una práctica insuficiente, catalogándose como sedentarios, siendo a su vez los chicos más activos que las mujeres.

En el ámbito internacional resalta el estudio HBSC (Estudio de Conductas de los Escolares Relacionadas con la Salud - ECERS) que incluía los países de la Unión Europea, más Estados Unidos y Canadá, y como puntualizaciones más notorias caben destacar (Currie y cols., 2004):

- La AF de los adolescentes es baja, como media realizan AF moderada la mitad de los días recomendados, situándose estas cifras en España en niveles inferiores a la media internacional.

- Los varones son más activos que las mujeres en todos los grupos de edad, agudizándose estas diferencias en nuestro país.

- El incremento de la edad de los sujetos lleva consigo un descenso en la práctica de AF y directamente un aumento del sedentarismo. Remarcándose más esta casuística entre los adolescentes españoles.

- A medida que los adolescentes se hacen mayores desciende en número de actividades físicas compartidas con sus familiares.

En la esfera internacional, hay unanimidad de criterios en cuanto a las conclusiones que llegan de las principales investigaciones. Se postula que el nivel de AF de los adolescentes es cada vez más escaso y que este desciende con el paso de los años, los chicos son más activos que las chicas y que se incrementan el ocio pasivo, entre otras aportaciones.

De los estudios de Martínez González y cols. (2001) y Varo y cols. (2003) realizados en alumnos de edades a partir de los 15 años se puede extraer como conclusión que los sujetos activos, aquellos que realizan al menos una actividad físico-deportiva, son el 73% de los europeos y casi un 83% de los jóvenes de entre 15 y 24 años. Para España estas cifras son algo inferiores, con porcentajes del 64%. El sedentarismo se contabilizó cuando los sujetos invertían menos del 10% de su tiempo libre en actividades mayores o iguales a 4 METs, bajo esta premisa el 60% de los chicos y el 61% de las chicas, de entre 15 a 24 años, se consideran sedentarios. En caso de los españoles las cifras se elevan hasta el 68 y 73% respectivamente.

En resumen, la mayoría de los estudios que se centran en el cumplimiento, o no, de las recomendaciones de práctica de AF con un enfoque saludable, demuestran bajos índices de seguimiento por lo que es probable que los niños no estén realizando AF en niveles adecuados para la salud. Este grado de inactividad no sólo afecta a los demás países, sino que también tiene presencia en

España, donde el nivel de práctica de los jóvenes es insuficiente, desde el punto de vista de la salud (Montil, Barriopedro y Oliván, 2005).

1.2. Problemas derivados del sedentarismo y su relación con el índice de masa corporal

La actividad física presenta innumerables beneficios para la salud de las personas, mientras que el sedentarismo es una conducta perjudicial (Guallar-Castillón y cols., 2002; Martínez González y cols., 2003). La correlación positiva entre la aptitud física y la salud física ha sido evidenciada en números estudios, existiendo un gran consenso por parte de los profesionales de la salud y las autoridades sanitarias de que la AF es un factor clave para la buena salud. De hecho, existe entre 1.2 y 2 veces más de riesgo de mortalidad entre los sujetos sedentarios (Fox, 2000). De entre los principales beneficios cabe destacar la disminución del riesgo cardiovascular, que afecta a la hipertensión arterial, cardiopatía isquémica y los accidentes cardiovasculares (Sacco, 2001; Whelton, Chin, Xin y He, 2002).

En numerosas investigaciones se relaciona el sedentarismo con el incremento de la obesidad, cuya prevalencia ha alcanzado niveles epidémicos (World Health Organization, 2000; Sánchez Villegas y cols., 2002; Aranceta y cols., 2003).

Bastos y cols. (2005) determinan que el descenso del nivel de aptitud física de las poblaciones humanas en todo el mundo aumenta el predominio de la mortalidad precoz causada por enfermedades de la civilización, demostrando que el sedentarismo, como estilo de vida, puede ser nocivo para el individuo y potencialmente dañino para la sociedad.

La realización de AF de forma inadecuada es un factor independiente del riesgo de enfermedad coronaria, el 12% de la mortalidad total en EEUU está relacionada con la falta de AF habitual y el sedentarismo se correlaciona con el doble de riesgo de padecer cualquier problema coronario (Boraita, 2008).

En un estudio de Blair y cols. (1995) aplicado a 9.777 sujetos, durante un seguimiento de 5.1 años de duración, donde analizaba la relación existente entre los cambios de práctica de AF y el riesgo de mortalidad, se observó que la mayor causa de mortalidad según la edad se daba entre los sujetos que tenían peor forma física.

Sabiendo que la obesidad es una enfermedad multicausal, la respuesta del individuo ha sido centrarse en la necesidad de practicar AF, abandonando conductas marcadamente sedentarias. Entre estas últimas tenemos que resaltar ver la televisión, ya que por ejemplo en Estados Unidos es la más importante, al punto de que se le dedican 30 horas semanales. Con esto bajamos nuestra tasa metabólica a la vez que incrementamos el consumo de alimentos altamente energéticos. Los personajes que salen en la televisión, en general, muestran unos hábitos alimentarios inadecuados. Por ello, los niños que ven más horas la televisión tienen más posibilidad de tomar aperitivos mientras están delante del televisor, y a la vez la televisión reemplaza las actividades al aire libre que consumen más energía, como los juegos o deportes (Hu y cols., 2003; González-González, Rubio y Marañes, 2007).

Muchos de los estudios conocidos revelan una asociación positiva entre el IMC y el sedentarismo. El ejercicio físico es el componente del gasto energético más factible de ser modificado, y por consiguiente, el más implicado en el aumento de prevalencia de la obesidad detectado en las últimas décadas. En las sociedades desarrolladas el consumo energético atribuible al ejercicio físico se limita, en gran medida, al obtenido en las actividades desarrolladas en el tiempo libre, debido a la disminución progresiva del gasto empleado en las actividades vinculadas al trabajo (por mecanización de este) y en las actividades cotidianas, propiciado por el uso de medios de transporte, ascensores, compra por Internet, etc. (González-González, Rubio y Marañes, 2007). Ver la televisión se asocia cada vez más con los acúmulos adiposos, y por tanto, los niños que durante la infancia ven más la televisión tienen mayor riesgo de obesidad con el paso del tiempo. Para prevenir toda esta casuística tenemos que educar en estilos de vida saludable reduciendo las horas diarias dedicadas a la televisión. El sobrepeso tiene un impacto negativo en la percepción de la apariencia, la habilidad atlética, competencia social, y la calidad de vida (Schwimmer, Burwinkle y Varni, 2003). Los adolescentes con sobrepeso presentan niveles elevados de ansiedad, síntomas de depresión y aislamiento social (Falkner y cols., 2001; Robbins, Wu, Sikorskii y Morley, 2008).

Los médicos en general consideran la falta de AF como el factor desencadenante más importante para la aparición de la obesidad. Buena parte de los médicos de atención primaria estiman que los pacientes obesos que reciben tienen problemas conductuales y comparten con la sociedad los estereotipos negativos en relación a las personas con obesidad (Foster y cols., 2003). Sin embargo, sujetos obesos suelen presentar una gran dificultad para realizar ejercicio físico ya que muestran un bajo nivel de entrenamiento y con frecuencia padecen problemas osteoarticulares. Los resultados disponibles sugieren que una situación de sedentarismo constituye un importante factor de riesgo de obesidad, aunque una menor respuesta termogénica a la ingesta y menores tasas de metabolismo basal también pueden tener un impacto sobre la ganancia de peso (Johnson, 2001; Labayen, Rodríguez y Martínez, 2002; López-Fontana, Martínez-González y Martínez, 2003).

Se confirma la asociación entre la AF e IMC, duplicándose la prevalencia de obesidad entre los que no practican ningún tipo de ejercicio físico; se establece la necesidad de un cambio de estilos de vida en relación a la AF de la población. Además, el apretado plan de estudios vigente limita el tiempo destinado al descanso, tanto en las clases como en el hogar familiar, sacrificando así el tiempo de esparcimiento, en beneficio del mencionado descanso, con el consiguiente descenso en los niveles de práctica de ejercicio físico. Esta es una de las principales causantes de la pérdida de calidad de vida y el principal responsable del sedentarismo en los niños (Rodríguez y cols., 2003).

1.3. Sedentarismo y actividad física entre los adolescentes

A pesar de que la población mundial sabe lo positivo que es la práctica de AF para la salud de los sujetos, un porcentaje elevado de los adolescentes no siguen las recomendaciones de práctica de AF diaria (Cantera, 1997; Castillo y Balaguer, 1998; Ceballos, 2001; Márquez y cols., 2003) haciéndose la población cada vez más sedentaria. Para Tercedor (2001) un gasto energético de 3 METs podría ser suficiente para obtener beneficios en cuanto a la salud. Esta tendencia es muy nociva, puesto que la AF y el deporte en la infancia representan un factor importante para predecir la actividad posterior (Bailey, 2006).

La inactividad física es un hecho en la mayoría de los países desarrollados. En Estados Unidos, 18-21% de los varones y el 27% de las mujeres declararon que son inactivos, y en España el 36% de la población no práctica de actividad físico-deportiva de forma regular. Estos estilos de vida sedentarios son también evidentes en la infancia y la juventud, haciéndose más acusados en la adolescencia, especialmente con referencia a las chicas (Román, Serra, Ribas, Pérez y Aranceta, 2008).

En Estados Unidos el 25% de los adultos no realizaba nada de AF y tan sólo el 15% sigue las recomendaciones de realizar 30 minutos de ejercicio moderado 5 días a la semana (Boratia, 2008). El sedentarismo hace acto de presencia en la mayor parte de los países desarrollados. Aquí, el 21% de los hombres y el 27% de las mujeres adultas son inactivos (Caspersen y cols., 2000; Román y cols., 2006).

En Jordania se llevó a cabo un estudio sobre los factores de riesgo conductuales. A los sujetos adultos se les preguntó si participan en alguna AF moderada por semana, que se define como 30 minutos de actividad que causa sudoración y produce un incremento del ritmo cardíaco o la respiración, el 52.6% indicaron que no (CDCP, 2003). Aproximadamente el 31.6% de los adultos indicaron que participan en la semana en AF vigorosa, que se define como 20 minutos de actividad que causó gran sudoración o un gran aumento en el ritmo respiratorio o cardíaco. Además, los hombres tenían más probabilidades de participar en ambos, en comparación con las mujeres, el 56.9% de moderada y el 38.9% para los niveles vigoroso entre los hombres, el 48.2% de moderada y el 23.9% para los niveles de fuerte entre las mujeres. La investigación indica que los estudiantes universitarios en general no son físicamente activos, a pesar de los beneficios de la AF (Suminski, 2002; Wallace, 2003; Madanat y Merrill, 2006).

Los datos relativos a España revelan, según las encuestas de salud de carácter nacional, que en torno a los 12-13 años se produce un aumento de las conductas sedentarias, haciéndose más pronunciado entre las chicas. Coincidiendo con esto se produce un estancamiento en la participación de los niños varias veces por semana en actividades de entrenamiento deportivo, concordando esta circunstancia con el tránsito de la escuela al instituto (Lasheras y cols., 2001). En España el 36% de la población no practica AF de forma habitual, de los cuales menos del 30% de los niños hace AF, cumpliendo tan sólo el 33% las recomendaciones necesarias de al menos 60 minutos diarios (Caspersen y cols., 2000; Román y cols., 2006). Como se viene diciendo, la práctica de AF se reduce de forma paralela al aumento de la edad de los sujetos, afectado todo esto más a las mujeres que a los hombres (Aznar, 1998; Sallis y cols., 2000), a la vez que los varones participan en más actividades organizadas que las chicas (Rodríguez, 2000; Ministerio de Sanidad y Consumo, 2006).

El estudio del sedentarismo y la AF en los últimos años ha sido abordado en numerosas investigaciones, autores como Sallis y cols. (2000) y Van der Horst y cols. (2007) realizaron sendas revisiones bibliográficas al respecto llegando a la conclusión de que:

- Los hombres son más activos que las mujeres.
- La AF disminuye con el avance de la edad, entre los 13 y 18 años se produce un retroceso, siendo en el hombre más acentuado. Sallis (2000) sostiene que el descenso de la AF con

la edad es uno de los mayores descubrimientos y que podría guardar relación con la actividad hormonal de lo sujetos. En la misma línea, Generelo (2004) muestra que ya se está adelantando la edad en que los adolescentes sienten animadversión por la AF, llegando a registrarse los primeros síntomas a los 10 años de edad. Hay quien este abandono lo relaciona con los periodos vacacionales, fuera del ambiente escolar. Este retroceso en los niveles de práctica de actividades deportivas se evidencia más acusado al inicio y final de la adolescencia (Talbot, Metter y Fleg, 2000).

- Sólo un porcentaje pequeño de los adolescentes realiza la cantidad de AF recomendada por los diferentes organismos.

1.4. Ocupación del tiempo libre en la adolescencia

Resulta fundamental disponer de tiempo libre para ocuparlo en tareas diferentes a las cotidianas, es el tiempo en el cual no estamos sujetos a obligaciones ni necesidades (Pedró, 1984). Por actividades de tiempo libre se entiende *"el conjunto de actividades placenteras seleccionadas libremente por el individuo, siguiendo sus propias preferencias"*, las cuales se convierten en actividades de ocio cuando se realizan buscando un elemento de satisfacción personal y placentero (García Ferrando, 1993).

Las actividades del tiempo libre resultan tan necesarias e importantes como la calidad en el trabajo y la calidad de vida. Por tanto, los sujetos que no pueden dar respuestas a sus necesidades recreativas experimentan un deterioro en su calidad vital (Suárez, 2002). Para analizar correctamente el tiempo libre debe de considerarse las actividades cotidianas, los días laborales, los festivos, las vacaciones, etc.

Dentro de las actividades que tradicionalmente han formado parte del tiempo libre se encuentran el deporte y la AF, ya que desde la infancia los sujetos tienen claro los beneficios que reportan dichas tareas al estado de bienestar de la persona.

Desde el punto de vista de la salud, una de las mayores amenazas es la proliferación del sedentarismo, sería muy conveniente que se ahondase en estudios que analicen las principales motivaciones que inducen a los sujetos a practicar deporte, estrategia necesaria si se quieren personas activas durante toda la vida. Como es sabido, el paso de la adolescencia a la edad adulta es un periodo muy vulnerable en los individuos, sobre todo por la influencia de determinados estereotipos que la sociedad impone (Chillón, Delgado, Tercedor y González-Gross, 2002). Si cabe, esto es más importante con las mujeres, puesto que no tienen un historial de participación en la AF, durante la niñez y la adolescencia, tan elevado como los varones, circunstancia que las predispone para ser físicamente menos activas en la edad adulta (Gibbons y Humbert, 2008).

Resulta desalentador como los adolescentes invierten la mayor parte de las horas de tiempo libre en los días entre semana en actividades de ocio pasivo. En los fines de semana prefieren fomentar las relaciones sociales y disfrutar, y es en el periodo vacacional estival cuando optan por actividades de carácter físico-deportivas.

Tercedor y Delgado (1998) afirma que la utilización adecuada del tiempo de ocio se muestra como una necesidad social de la cual ha de tomar parte la escuela, por lo que ésta, y sobre todo el profesorado de EF tienen una influencia directa en la inversión de dicho tiempo. A la vez que la práctica de actividades físico-deportivas es un buen elemento socializador, ya que enfocadas de forma correcta fomentan valores de cooperación, disciplina, asunción de normas, compañerismo y respeto.

2. EL ESTILO DE VIDA ELEMENTO PRINCIPAL EN LA MEJORA DE LA SALUD

2.1. Concepto salud y estilo de vida

En la actualidad la salud se percibe como algo más importante que la lucha contra la enfermedad, entendiendo como tal "el resultado de agresión ambiental, de tipo biológico, físico-químico o psico-social y que, por tanto, el proceso generador de enfermedades está en función de una realidad social históricamente determinada que incide tanto en la calidad de vida como en la calidad del medio ambiente y de la cultura" (Antó y Martí, 1977).

En 1960 la Organización Mundial de la Salud definió la salud como el "estado de completo bienestar, físico, psicológico y social, y no sólo la ausencia de enfermedad", esta teoría sirvió para entender lo importante que es el medio social donde se desarrolla el sujeto, y ayudó a comprender que la salud es un término multidimensional (Arruza y cols., 2008).

Perea (1992) definió la salud como "el conjunto de condiciones y calidad de vida que permite a la persona desarrollar y ejecutar todas sus facultades en armonía y relación con su propio entorno".

Corbella (1993), la entiende como "una manera de vivir cada vez más autónoma, más solidaria y más gozosa".

Para Rodríguez Martín (1995) la salud es "el proceso por el que el hombre desarrolla al máximo sus capacidades, tendiendo a la plenitud de su autorrelación personal y social".

En la misma línea argumental, Shepard (2005) definió la salud como "una condición humana con una dimensión física, social y psicológica, caracterizada por poseer un polo positivo y negativo. La salud positiva se asocia con una capacidad de disfrutar de la vida y resistir desafíos; no está meramente asociada a la ausencia de enfermedad. La salud negativa se asocia con la morbilidad y, en extremo, con la morbilidad prematura".

Debido a la importancia del componente social de la salud, Petlenko y Davidenko (1998) clasifican los diversos factores que inciden en la salud, y hacen una asignación porcentual en función de su influencia, quedando como sigue: el estilo de vida influye un 50%, el medio externo un 20-25%, la genética un 15-20% y el sistema de atención sanitaria un 10% (dependiendo claro está del tipo de enfermedad que se trate).

A finales de los años ochenta, Marcos Becerro (1989) categorizó los diferentes tipos de salud, que su juicio, existían:

Salud física. Relacionada con el buen funcionamiento de los órganos y sistemas corporales.

Salud mental. Relacionada con el buen funcionamiento de los procesos mentales del sujeto.

- *Salud individual.* Estado de salud física o mental de un individuo en concreto.

- *Salud colectiva.* Consideraciones de salud en una colectividad o grupo social importante.

- *Salud ambiental.* Estado de salud de elementos de la naturaleza y otras especies en relación con la especie humana.

Muy unido a la salud, y en algunos casos con una relación causa-efecto, aparece el concepto de estilo de vida y calidad de vida. La definición más usada de Calidad de Vida es la proporcionada por la Organización Mundial de la Salud, que la entiende como la salud física, bienestar psicológico, nivel de independencia, las relaciones sociales y la relación con su medio ambiente y el contexto social, visto desde una percepción personal de los individuos, en su propia vida cultural y según los sistemas de valores, relacionado todo ello con sus objetivos, expectativas, valores y perspectivas (WHOQOL, 1994,1995, 1996, 1998a, 1998b).

Muy unido a la salud, y en algunos casos con una relación causa-efecto, aparece el concepto de estilo de vida y calidad de vida. La definición más usada de Calidad de Vida es la proporcionada por la Organización Mundial de la Salud, que la entiende como la salud física, bienestar psicológico, nivel de independencia, las relaciones sociales y la relación con su medio ambiente y el contexto social, visto desde una percepción personal de los individuos, en su propia vida cultural y según los sistemas de valores, relacionado todo ello con sus objetivos, expectativas, valores y perspectivas (WHOQOL, 1994,1995, 1996, 1998a, 1998b).

Esto debe ser considerado dentro de una perspectiva ecológica, incluidos los múltiples niveles de análisis, a saber, la auto-percepción y la percepción de la familia (Harding, 2001). En los niños la percepción de su calidad de vida está influenciada por varios factores, tales como sexo, edad, características personales y familiares, así como su condición socioeconómica (Caldera y Hart, 2004).

Claras diferencias entre sexo, edad y nivel socioeconómico se pueden encontrar en la calidad de vida de los niños y adolescentes. Por ejemplo, de acuerdo con las encuestas KIDSCREEN, en las niñas la percepción de la salud relacionados con la calidad de vida es inferior en todas las dimensiones, con la excepción de "*apoyo social y pares*", "*escuela de medio ambiente*" y "*la aceptación social y la intimidación*" (Gaspar y cols., 2009).

2.2. Estilo de vida

Se puede afirmar que en la actualidad no hay una definición consensuada sobre estilo de vida, aun así, la mayoría de los estudiosos afirman que los estilos de vida saludables están formados por patrones de conductas relacionadas con la salud. Estas conductas que forman parte del estilo de vida saludable se caracterizan porque son observables, constituyen hábitos y poseen consecuencias para la salud.

Henderson y cols. (1989) definen los estilos de vida como "el conjunto de pautas y hábitos comportamentales cotidianos de una persona". Mendoza (1995) determina que por estilo de vida puede entenderse "el conjunto de patrones de conducta que caracterizan la manera general de vivir de un individuo o grupo".

Pastor, Balaguer y García-Merita (1999) definen el estilo de vida "como un patrón de conductas relativamente estable de los individuos o grupos que guardan una estrecha relación con la salud".

Según Gutiérrez (2000a) la forma de vivir que adopta una persona o grupo, la manera de ocupar su tiempo libre, el consumo, las costumbres alimentarias y los hábitos higiénicos son elementos configuradores de lo que se entiende como estilo de vida.

Existen muchas variables relacionadas con el estilo de vida saludable, entre ellas destacan el consumo de drogas y medicamentos, la higiene dental y los hábitos de descanso, los accidentes y las conductas de riesgo, así como la prevención de los mismos, las actividades de tiempo libre, la conducta sexual, los chequeos médicos, la apariencia y los hábitos de aseo personal (Pastor y cols., 1999).

El estilo de vida de una persona está mediatizado por cuatro factores que interactúan entre sí (Pastor, 1995):

Las características individuales, genéticas o adquiridas (personalidad, interés, educación...).

Las características del entorno microsocial en las que se desenvuelve el individuo (vivienda, familia, amigos, vecinos, ambiente laboral o estudiantil, grupo de adscripción voluntaria...).

Los factores microsociales, los cuales modelan los anteriores (sistema social, la cultura, los grupos económicos, los medios de comunicación, las instituciones oficiales...).

El medio físico geográfico, que influye en las condiciones de vida imperante.

La calidad de vida (grado en que se satisfacen la necesidades humanas) es el resultado de adoptar unos determinados estilos de vida, entre estos están los muy saludables y los nada saludables. En los ámbitos geográficos y en las áreas concretas donde las necesidades queden más satisfechas, la calidad de vida será mejor; tal sociedad o tales áreas estarán más desarrolladas. En el caso contrario, la sociedad o el aspecto concreto estará menos desarrollado y la calidad de vida será peor. En resumen, se puede afirmar, que el estilo de vida y la calidad de vida están estrechamente relacionados, estando condicionada la calidad de vida por el estilo de vida que cada persona o grupo decida experimentar.

Ya en 1989, De la Cruz señaló como hábitos saludables en edades escolares una correcta alimentación, práctica de ejercicio físico frecuente, descanso, esfuerzo adecuado, cuidar las posturas escolares y la higiene personal. Teniendo en cuenta estos aspectos y siguiendo las recomendaciones de salud, se consigue incrementar los años vividos en unas adecuadas condiciones de calidad de vida. Es entonces cuando surge el concepto de calidad de los años vividos, es decir, no considerar solamente el total de años que vivimos, sino los años durante los cueles una persona es autónoma, está libre de enfermedades crónicas y puede disfrutar de la vida.

La práctica de AF realizada con la frecuencia, intensidad y duración adecuada se encuentra dentro de los parámetros de vida saludable (Gutiérrez, 2000a). Tanto Casimiro (1999) como Castillo y Balaguer (2004) encuentran una correlación positiva entre la práctica de AF, buenos índices de condición física, adecuados hábitos de higiene corporal y alimentación equilibrada. Por tanto, se pueden establecer las siguientes correlaciones (Gutiérrez, 2000a):

La AF está positivamente relacionada con la salud, principalmente en los aspectos mentales, sociales y físicos de las personas.

La AF parece estar relacionada con otras conductas de salud tales como los hábitos de fumar, la alimentación y la higiene.

Los años de escolaridad son un periodo crítico en la consolidación de hábitos de vida y su mantenimiento en la edad adulta.

Por tanto, resulta obvio, la importancia de conocer los factores que predisponen, facilitan y refuerzan la práctica de AF con el objetivo de que los jóvenes adquieran un estilo de vida activo y lo mantengan a lo largo de toda su vida.

2.3. Condición física y salud corporal

La EF es terreno idóneo para trabajar el acondicionamiento físico de los niños, se debe conseguir en el periodo escolar una mejora de las capacidades físicas, destrezas y posibilidades de movimiento, de forma paralela a la consecución de una serie de hábitos y actitudes saludables. Es lo que en su día Devis y cols. (2000) denominaron *paradigma orientado en la actividad física*, el cual postula que la AF puede tener una influencia positiva en que la salud conlleve o no una mejora de la condición física del sujeto. La otra vertiente es el proceso de acondicionamiento físico basado en el alto rendimiento, llamado por los mismos autores, *paradigma centrado en la condición física*, se resalta sobre todo el producto, la condición física conseguida al realizar determinadas actividades físicas.

Este es un proceso caracterizado por el desarrollo y mejora de las capacidades físicas, ayudando a descubrir y desarrollar el placer por el movimiento. El conocimiento de los efectos que tiene en el organismo la práctica de AF puede ser un estímulo para fomentar hábitos saludables.

Esta práctica deportiva, en el mundo actual, está llegando a convertirse en algo recreativo, es una forma de invertir el tiempo libre debido a la implantación de lo que se conoce como deporte para todos. Lo cual hace que muchas personas se preocupen por mantener un estado de condición física que le permita participar en estas actividades sin que ello les suponga un riesgo para su salud. Todas las actividades físicas que estén dentro de esta tendencia deber ir enfocadas al trabajo de determinados órganos y sistemas, con lo que irá en beneficio de su funcionamiento, a la vez que se consigue elevar el nivel de condición física de los practicantes.

El concepto de fitness abarca una serie de actividades encaminadas a mejorar la *"vitalidad de una persona y su actitud real para las acciones que emprende. En este sentido, la buena condición física comprende todas las dimensiones de la personalidad y todos los campos en los que se emprende una acción"* (Diccionario de las Ciencias del Deporte, 1992).

Este término está relacionado con muchas actividades, la mayoría de los autores coinciden en calificarlo como bienestar físico, psicológico y social. Destaca la posibilidad de vivir en un estilo saludable propio, cargado de singularidad (Torres, 1999). Por su parte, Colado y cols. (2002) diferenciaron entre fitness y performance, concluyendo que el primero está centrado en la consecución de mejoras fisiológicas con intenciones saludables y el segundo en un acondicionamiento con fines de rendimiento deportivo.

Colado (1997, 1998) definió el fitness como *"la filosofía o sistema particular de entender la vida que pretende alcanzar un nivel adecuado de salud a través de un estilo de vida equilibrado, en el que el ejercicio físico moderado, personalizado y continuado cobre una importancia capital, aunque complementándolo con otros hábitos que potenciaran los beneficios que este aporta"*.

Existen términos como wellness, high-level o welbeing que se aproxima más al máximo esplendor del ser humano, teniendo como matriz la práctica regular y correcta de AF, junto con diversos hábitos saludables. Torres y cols. (1999) determinan que la preocupación por la imagen corporal ha provocado la aparición de multitud de corrientes, que optando por el ejercicio físico como denominador común, pretenden elevar la salud y calidad de vida de las personas.

Llevado al extremo este ideal de vida es nocivo para las personas, de hecho en muchos de los países desarrollados se ha implantado un canon de belleza que mina el enfoque saludable del que se viene hablando.

2.4. Beneficios saludables derivados de la práctica de actividad física

En la actualidad la mayor parte de los estudios relacionados con la actividad deportiva, están centrados en determinar la cantidad necesaria de AF para alcanzar esos beneficios que reporta la vida activa, teniendo presente que no todo ejercicio es saludable, ya que una práctica inapropiada puede acarrear serios problemas.

La AF no sólo es eficaz para curar o prevenir enfermedades diversas, sino que también incide positivamente en la percepción subjetiva de salud de los sujetos, adquiriendo mayor nivel de bienestar (Devis, 2000; Arruza y cols., 2008). De este modo la salud se relaciona con la calidad de vida y con el estado de bienestar físico y psicológico de las personas (Arruza y cols., 2008).

La literatura sugiere una relación entre la AF y la mejora el bienestar mental de los adolescentes, de hecho la participación en la AF en los adolescentes se asoció con una disminución de la ansiedad y la depresión y la mejora de rendimiento académico, la mejora de las relaciones parentales, el aumento de la autoestima, y la disminución de la ira, así como disminución del estrés psicológico e inferiores niveles de problemas relacionados con la salud mental (Valois, Zullig, Scott y Wanzer, 2004).

La práctica de AF regular aumenta la salud y reduce el riesgo de mortalidad y el desarrollo de muchas enfermedades crónicas entre adultos. Aunque los niños y los adolescentes son generalmente más activos que los adultos, la participación en la AF a menudo está por debajo de los niveles recomendados entre los adolescentes y adultos. Las mayores reducciones en la AF se producen durante la adolescencia (Valois, Umstattd, Zullig y Paxton, 2008).

Dentro de los parámetros para realizar una práctica de AF saludable hay que tener en cuenta los siguientes aspectos:

- Establecer metas que sean posibles de conseguir.
- La victoria no es significado de triunfo, y perder no está asociado siempre a fracaso.
- Buscar aspectos multifacéticos del ejercicio, entre ellos la salud.
- Entender que el ser humano es más importante que el deporte.
- Tener en cuenta que existen diferencias entre los que practican ejercicio físico.
- El esfuerzo personal debe primar sobre cualquier otra consideración.
- Buscar el placer que siempre proporciona el ejercicio físico y el deporte.

De los beneficios derivados de la práctica de AF, en este apartado, se van a destacar los fisiológicos. Como se viene diciendo, resulta primordial programar adecuadamente el ejercicio físico para obtener niveles adecuados de salud, reconociendo sus valores educativos, sociales y sanitarios, interiorizando la forma de secundar un estilo de vida saludable y siendo físicamente activos (Casimiro, 2001).

Para conseguir prescribir correctamente el ejercicio físico hay que dominar parámetros tales como el tipo de ejercicio, la intensidad, duración, frecuencia y ritmo de progresión de la AF propuesta (Ferrer, 1998).

Entre los efectos fisiológicos producidos cabe destacar los referentes al sistema cardiovascular, respiratorio, metabólico y óseo, articular y muscular (Casimiro, 2001).

Sistema cardiovascular:

- Aumenta la masa muscular del corazón (miocardio) y la cavidad cardíaca, lo que provoca un mayor volumen sistólico.
- Aumenta el número de glóbulos rojos (pudiendo pasar de 4.5-5 millones de hematíes en personas no entrenadas, hasta los 6 en deportistas), así como la hemoglobina y el valor hematocrito, lo que favorece la cantidad de oxígeno disuelto en la sangre.
- Mayor captación de oxígeno, y descenso del riesgo de padecer infarto de miocardio o angina de pecho.
- Mayor eliminación de los productos de desecho, por una mejora del retorno venoso, evitando el estancamiento sanguíneo y el deterioro de las válvulas venosas, que dan lugar a la flebopatía (varices).
- Disminución de la resistencia periférica (menor rigidez y más elasticidad vascular), lo que favorece una regulación de la tensión arterial, y una menor tendencia a la formación de trombos.
- Mayor capacidad defensiva del organismo por aumento del número de leucocitos y linfocitos.
- Mejora de la circulación periférica, lo que provoca beneficios de oxigenación, previniendo el deterioro de las células de la piel.

Sistema respiratorio:

- Mayor fuerza de contracción de los músculos respiratorios y aumento de la capacidad vital. Todo ello puede mejorar la oxigenación del organismo.
- Mayor economía de ventilación, ya que es menor la cantidad de oxígeno que se queda en el espacio muerto de las vías respiratorias, propia de la respiración jadeante.

- Mejora de la difusión de oxígeno de los alvéolos a los capilares, ya que aumenta la superficie de contacto y su permeabilidad, provocando un mejor trabajo respiratorio, con menor gasto energético.

- Mayor resistencia de los músculos respiratorios. Evitando la presión torácica que tras el ejercicio intenso presentan las personas no entrenadas.

Sistema metabólico:

- Mantenimiento de los niveles de glucosa durante el ejercicio, provocando una menor tolerancia y disminuyendo la producción de insulina (beneficioso para la diabetes).

- Favorece el metabolismo graso, dificultando el almacenamiento de grasa y facilitando su movilización y utilización energética, combatiendo así el exceso de peso.

- Aumenta el funcionamiento de los órganos desintoxicadores (riñón, hígado, piel...).

- Aumenta el HDL Colesterol (lipoproteína de alta densidad), y disminuye el LDL colesterol (lipoproteína de baja densidad) y el colesterol total, reduciéndose el riesgo de hiperlipidemias y arterioesclerosis.

- Favorece el peristaltismo.

Sistema óseo, articular y muscular:

- Aumenta la mineralización y densidad ósea, disminuyendo el riesgo de fracturas.

- Mejora de la ordenación trabecular, pudiendo el hueso soportar una mayor tensión.

- Favorece la osteoblastosis (construcción de hueso). La falta de AF lleva consigo una pérdida de masa ósea.

- Fortalecimiento de los componentes articulares (cartílago, ligamentos, tendones...) por lo que se reduce el riesgo de lesiones articulares (esguinces, luxaciones...).

- Mejora de la actitud postural, por la tonificación de los grupos musculares que le proporcionan sostén a la columna vertebral y a la pelvis.

- Aumenta la fuerza del músculo y tendones. Dicha tonificación sirve de protección a las articulaciones próximas, atenuando su vulnerabilidad y degeneración.

- Produce hipertrofia muscular, por una mayor sección de las fibras entrenadas y por el reclutamiento de fibras no desarrolladas (por ejemplo, tras un tiempo inmovilizado se produce una evidente atrofia de los músculos del miembro afectado).

- Mayor contenido de proteínas contráctiles y metabólicas, y disminución de la grasa intramuscular, lo que incide en la composición corporal, ya que provoca un aumento del peso magro y una disminución del peso graso corporal.

- Mayor elasticidad muscular, consiguiendo una mayor amplitud de movimiento evitando lesiones musculares.

- Mejora de la trasmisión del impulso nervioso a la unidad motora, por lo que puede mejorar el tiempo de reacción y la rapidez en la contractibilidad muscular.

Por todo, se puede afirmar que la actividad físico-deportiva es un aspecto más de la Psicología de la Salud, siendo muy abundantes los estudios que refuerzan esta teoría, donde se encuentran mejoras en la salud subjetiva, en el estado de ánimo y en la emotividad, se disminuyen los niveles de ansiedad, se asimila mejor el estrés a la vez que se incrementa la autoestima (Huertas y cols., 2003; Arruza y cols., 2008).

2.5. Relación entre la práctica de actividad física y los hábitos saludables

Existe un fuerte acuerdo en la comunidad científica en que la AF influye positivamente en el estado de salud individual, tanto en jóvenes como adultos. La práctica regular de AF es un factor importante para promover un estilo de vida saludable a lo largo de todo el ciclo de vida, aunque algunos estudios han demostrado que los niños y adolescentes pasan una gran parte de su tiempo libre en ocio sedentario. La duración de la AF influye en el gasto total de energía, siendo muy importante en problemas de salud como la obesidad, demostrándose una relación negativa entre el AF y el exceso de peso.

La AF tiene importantes efectos beneficiosos en términos de bienestar psicológico, el estado de ánimo positivo y la salud mental y física, y menores niveles de hábitos insanos. Al igual que los comportamientos, los hábitos de la actividad deportiva se establecen durante la infancia tardía y la adolescencia (Keresztes, Piko, Pluhar y Page, 2008).

En la mayoría de los hábitos de vida, a mayor estatus socioeconómico mejores son las conductas que presentan los sujetos, a excepción del tabaquismo (Segura y cols., 1999).

La relación entre el tipo de ejercicio físico y el consumo de alimentos ha sido estudiada por varios autores. En concreto, Rodríguez y cols. (1999), en una muestra de adolescentes gaditanos que presentaban trastornos alimenticios, determinaron que este grupo, enfoca el ejercicio físico como un elemento de control del peso corporal.

Gil y cols. (2000) estudiaron los hábitos de práctica de AF y su relación con determinados parámetros de vida saludable y con el tiempo de ocio. Entre los alumnos de la especialidad de EF los hábitos de saludables eran más frecuentes que entre resto de especialidades, más concretamente, tienen los mayores índices de práctica de AF, menor consumo de alcohol, tabaco y drogas y una alimentación más sana. Dentro de las especialidades de magisterio, Infantil y Primaria son las que optan por unos hábitos más nocivos. La diferencia en cuanto al género determina que son las mujeres las que se preocupan más por los aspectos saludables del deporte, en cambio los hombres focalizan su interés en el rendimiento deportivo. Estos son datos extraídos del estudio realizado por Pavón (2001a) con estudiantes de las universidades de Murcia, Valencia y Almería. En lo que respecta a los sedentarios, muestran mayor interés por el deporte saludable, siendo los más activos los que evidencian menos diferencias entre ambas opciones, y su interés por el deporte-rendimiento superior al de los no practicantes, primando el deporte salud entre los inactivos. Del trabajo de Frojan y Rubio (1997) se extrae una correlación entre el estado de salud percibido, la práctica de ejercicio físico y el tiempo dedicado a la práctica deportiva.

2.6. Recomendaciones de actividad física enfocadas hacia la salud

Las recomendaciones son hacer al menos 30 minutos de AF diaria, a una intensidad moderada, siendo conscientes que los mayores beneficios para la salud se obtienen con una AF entre moderada y vigorosa de mayor duración. En concreto los niños y adolescentes necesitan practicar 20 minutos de AF vigorosa 3 veces por semana (OMS, 2003).

El Colegio Americano de Medicina deportiva en 1998 realiza una serie de recomendaciones sobre el tipo, frecuencia, duración e intensidad de la práctica de AF desde un prisma saludable, tal y como recogen Delgado y Tercedor (2002) (Tabla 1).

Tabla 1. Recomendaciones de práctica de actividad física orientada hacia la salud según el American College of Sports Medicine (ACSM, 1998).

	Tipo de actividad	Frecuencia	Duración	Intensidad
Resistencia cardio-respiratoria	Actividades que empleen grandes grupos musculares, continua, rítmica y aeróbica.	3-5 días / semana.	20-60 min. (Fraccionado en periodos de más de 10 min.).	55-65% a 90% FCmáx. 40-50% a 85% FC Reserva.
Fuerza y resistencia muscular	Entrenamiento con cargas de grandes grupos musculares.	2-3 días / semana.	Tiempo necesario para 8-10 repeticiones.	8-12 repeticiones máximas (RM) siendo de 10-15 repeticiones máximas en sujetos no entrenados o mayores.
Amplitud de movimiento	Estiramientos musculares y movilidad articular de grandes grupos musculares. Técnicas estáticas y dinámicas.	Como mínimo 2-3 días / semana.	15-30 segundos por ejercicio con 4 repeticiones por grupo muscular.	Sin dolor.
Composición corporal	Actividad aeróbica para controlar el peso corporal y masa grasa. Entrenamiento de carga para mantener peso libre de grasa.			

Fuente: Delgado y Tercedor (2002).

Otros autores determinan que el ejercicio más saludable es aquel que se ubica entre el 50-85% del consumo de oxígeno máximo. La duración de la AF para que reporte beneficios saludables al organismo puede ser la propuesta por el ACSM (1998) o bien la necesaria para provocar un gasto calórico de 200-300 kilocalorías (Miguel, Martín y Navet, 2001). Las actividades físicas que se encuentran inmersas dentro del estilo de vida pueden realizarse en diferentes momentos del día o en un periodo concreto de tiempo de mayor duración, siendo recomendable fraccionar el ejercicio físico en el tiempo.

Los aspectos recogidos antes sobre el tipo de práctica de AF y las diferentes recomendaciones han sido diseñados en origen para la población adulta, aunque con frecuencia se han extendido a los adolescentes. Es evidente que los jóvenes requieren unas recomendaciones concretas, ajustadas a su periodo vital, por lo que en la actualidad lo que se recomienda es hacer AF durante al menos una hora diaria (NASPE, 2004a y 2004b; Strong y cols., 2005; USDHHS, 2005). Fulton y cols. (2004) llevan a cabo un estudio sobre las recomendaciones de práctica de AF para mejorar los niveles de AF y condición física de los niños y adolescentes, en base a criterios de sobrepeso y salud. En referencia a estos supuestos se muestra una tabla resumen con las principales recomendaciones hechas por los organismos internacionales competentes en la materia (Tabla 2).

Tabla 2. Recomendaciones en el ámbito de la salud pública para Actividad Física y Condición Física en niños y adolescentes (Fulton y cols., 2004).

Organización	Actividad Física		Condición Física	
	Componentes	Recomendación	Componentes	Recomendación
Australia, Commomwealth Department of Health and Aged Care National Physical Activity Guidelines for Australians (1999)	Frecuencia Intensidad Tipo Duración	30 minutos, a intensidad moderada y con una frecuencia casi diaria. Disfrutar de alguna actividad vigorosa de forma regular.		
Health Canada Canada's Physical Activity for Children (2002) Canada's Physical Activity Guide for Young (2002)	Frecuenciaa Intensidad Tipo Duración	Incrementar la AF realizada de forma regular y progresivamente. Intensidad moderada entre 20-60 minutos / mes. Intensidad vigorosa entre 10-30 minutos / mes. Disminuir el tiempo habitual dedicado a actividades no activas en progresiones de 30-90 minutos / mes.	Fuerza Flexibilidad	Combinación de actividades de fuerza y flexibilidad adaptadas en función de la edad.
Health Education Autority, UK Critique of Existing Guidelines for Physical Activity in Young People (1998)	Frecuencia Intensidad Tipo Duración	Al menos 60 minutos de AF moderada al día (aproximadamente entre 5-8 METs, o entre el 40-60% VO$_{2max}$). El tiempo, la duración y la intensidad deben ser apropiadas al desarrollo desde la perspectiva psicológica y comportamental.	Fuerza Capacidad cardio-respiratoria.	Al menos 2 veces por semana, haciendo énfasis en el tronco y miembros superiores. En adolescentes se recomiendan programas adecuados de entrenamiento de resistencia bajo supervisión.
United States Deparment of Agriculture Nutrition and Youth Health: Dietary Guidelines for American (2000)	Frecuencia Intensidad Tipo Duración	60 minutos casi todos los días a una intensidad moderada. Limitar las horas de televisión, ordenador, etc. y alternarlas con periodos de AF.	Fuerza Flexibilidad	AF que incluya actividades aeróbicas de fuerza y flexibilidad.

Fuente: Martín Matillas (2007).

3. IMAGEN CORPORAL Y AUTOESTIMA

3.1. Autoconcepto y ejercicio físico en la adolescencia

El autoconcepto físico es definido por algunos autores como las percepciones que los sujetos tienen sobre sus habilidades físicas y apariencia física (Stein, 1996). Es una representación mental multidimensional que las personas se hacen de su realidad corporal donde se encuentran los aspectos perceptivos, cognitivos, afectivos, emocionales y todos aquellos relacionados con lo corporal (Marchago, 2002).

Los estudios sobre los roles de género ponen de manifiesto una relación positiva entre la identidad masculina y el deporte, los varones parecen valorar la competencia y el logro en el deporte más de las niñas (Koca, Asci y Kiraczi, 2005).

Han sido contrastados efectos beneficiosos de la ejercitación aeróbica sobre algunas dimensiones del autoconcepto, y sobre todo en el autoconcepto físico general. Hayes, Crocker y Kowalski (1995) determinaron que tan sólo la subescala de la condición física mantenía relación con la AF en el caso de las mujeres, mientras que las autopercepciones de los hombres en todas las subescalas correlacionaban con la AF. Las mujeres deportistas tenían mejor concepto de su imagen corporal que las sedentarias (Furnham, Titman y Sleeman, 1994). Esnaola (2003) afirma que los adolescentes practicantes de deporte obtienen mayores puntuaciones que los que no practican, tanto en atractivo, habilidad deportiva, condición física, fuerza, autoconcepto físico general y autoconcepto general (Esnaola, 2005).

La insatisfacción corporal aumenta significativamente entre los 13-15 años de edad, manteniéndose constante hasta los 18 años. Durante la etapa adolescente las influencias externas, como los medios de comunicación, ejercen un gran impacto en la imagen corporal de los adolescentes. Estos canales de comunicación de masas son responsables de transmitir el estereotipo corporal actual, pero sin eludir la parte de responsabilidad que tiene la familia y los amigos en la transmisión de determinados gustos estéticos (Huon y Walton, 2000; Rodríguez y Cruz, 2008; Rosenblum y Lewis, 1999; Stice, Maxfiel y Wells, 2003).

Tradicionalmente el ejercicio físico se ha asociado positivamente con la autoestima, pero los diferentes estudios en este campo de actuación ponen en duda esta teoría y no ven una clara relación entre estas dos variables (Neale, Sonstroem y Metz, 1969).

Los investigadores del deporte y el ejercicio físico analizan con profundidad el autoconcepto físico, entendido como una de las ramas más importantes del autoconcepto, completando a veces dichas investigaciones con el estudio de la autoestima global (Sonströem, 1997).

El autoconcepto físico se puede dividir en el componente perceptual, cognitivo y conductual (Thompson, Penner y Atabe, 1990). Otra clasificación parecida es la de Franzoi y Shields (1984) que hablan de una habilidad percibida, apariencia física y conductas de control del peso corporal.

La aparición del autoconcepto físico en los niños y adolescentes coincide con el momento en que estos interaccionan con otros sujetos, desarrollando los procesos autoperceptivos y de comparación social. A la postre son estas autopercepciones un buen indicador para predecir la práctica de AF actual y futura (Reynold, Killen, Bryson, Maron, Taylor, Maccoby y Farquhar, 1990; García y King, 1991; McAuley, 1992; Sallis, Howel, Horstetter y Barrington, 1992; kimieck, Horn y Shurin, 1996; Musitu, Buelga, Lila y Cava, 2001). La dimensión física del autoconcepto ha sido considerada tradicionalmente por los investigadores como un ámbito esencial de la autoestima y del autoconcepto, y su contribución al autoconcepto global ha sido afirmada en todas las etapas del ser humano, adquiriendo mayor importancia en la adolescencia, debido a que el aspecto físico se convierte en el centro de sus preocupaciones (Meyer, 1987).

Del análisis del ejercicio físico y el autoconcepto se derivan dos modelos: el modelo de selección y el modelo de cambio. El primero hace referencia a aquellas personas que perciben de forma muy positiva sus habilidades motrices, tienen más posibilidad de comprometerse en la práctica de ejercicio físico. En cambio, el modelo de cambio afirma que a raíz de la práctica de ejercicio se producen cambios en el autoconcepto e incluso puede llegar a afectar a la autoestima de los individuos (Cratty, 1989; Bakker, Whitting y Brug, 1990).

La *Teoría de la Motivación hacia las Competencias*. Afirma que los sujetos se sienten motivados a la práctica de determinadas actividades si se ven competentes y sobre todo si experimentan una motivación intrínseca, orientándose hacia la tarea. Por tanto, aquellas personas que tienen una percepción de su competencia motriz más elevada participaran en mayor medida en actividades físico-deportivas que sus semejantes que la posean más mermada (Harter, 1987).

La *Teoría de la Inversión Personal*. Tiene un enfoque más motivacional, puede servir para comprender las conductas tendentes al ejercicio físico entre los adolescentes. Para ella lo que más motiva a las personas para emplear su tiempo, talento y energía en una actividad, es que fluya en ellos un significado subjetivo por la tarea.

El *Modelo Psicológico*. Defiende que la AF conduce a mejoras en la habilidad física, lo cual nos reporta beneficios psicológicos que reflejan una mejora de la autoestima, viéndose está influenciada tanto por AF como por la habilidad física a través de la competencia física percibida, y el incremento de esta a su vez propicia un mayor interés por la actividad físico-deportiva (Sonströem, 1978). Una década después nació el *Modelo de Ejercicio y Autoestima* de la mano de Sonströem y Morgan (1989) el cual recoge entre su postulado que la participación en deportes puede inicialmente aumentar los sentimientos de autoeficacia específicos de la tarea, esto puede hacerse extensivo a las percepciones de la competencia física y de aceptación físicas, lo cual a la postre significa un incremento de la autoestima general.

3.2. La autoestima y su relación con el deporte

Los esfuerzos de muchos investigadores se han concentrado en predecir la motivación hacia la práctica deportiva basándose en la autoestima como elemento de enlace. Hay estudios que se concentraron en conocer las preocupaciones que mostraban los chicos y adolescentes por su masa corporal y las chicas por su autoimagen física. A pesar que no se pudieron contrastar relaciones significativas entre dichos aspectos, se concluyó que tanto la masa corporal como la imagen física se manifiestan como potentes predictores de la práctica de ejercicio físico (Ingledew y Sullivan, 2002).

Hay bastantes evidencias de que la AF puede tener un efecto positivo sobre el bienestar psicológico de los niños y jóvenes. La evidencia es más concluyente en lo que respecta a la autoestima de los niños. Otras asociaciones son la reducción de estrés, ansiedad y depresión. Esto refuerza la teoría de que un ejercicio físico bien planificado e individualizado puede contribuir a la mejora de la salud psicológica en los jóvenes (Bailey, 2006).

Una sensación positiva acerca de la capacidad física es un importante predictor de la autoestima durante la adolescencia (Harter, 1998), sobre todo para las chicas. La imagen corporal puede ser particularmente sensible a las variaciones en el nivel de AF. Se ha argumentado que la participación en actividades relacionadas con el deporte puede tener una función protectora con respecto a la disminución de la autoestima en la adolescencia. En resumen, la autoestima física puede ser especialmente relevante para el estudio durante la adolescencia temprana, habida cuenta de la importancia cada vez mayor, que tienen las cuestiones relacionadas con la apariencia en esta etapa de desarrollo, en particular en las niñas (Bowker, 2006).

La participación en la AF y la percepción de competencia en dichas actividades se han relacionado positivamente con el liderazgo, el altruismo, y la independencia (Larson, 2000). Además, el autoconcepto ha sido reconocido como un importante elemento positivo en el desarrollo humano desde hace décadas. Investigar el autoconcepto físico es muy importante si se quiere saber los efectos beneficiosos de la participación en la AF (Schmalz y Krahnstoever, 2006).

En función de la edad, los niños de 5 a 9 años autoperciben su capacidad física en base al dominio de las tareas simples, la fuerza de sus intentos, el placer obtenido y el feedback que le reportan sus pares. Conforme se hacen mayores, de los 10 a los 15 años, se vuelven más competitivos y procuran conseguir más éxitos que sus padres, ahora las personas que más influyen en sus autopercepciones son sus entrenadores y profesores. De los 16 a 18 años se siguen comparando bastante con el grupo de pares y le influyen mucho los juicios que de ellos tienen sus entrenadores, a pesar de todo se desarrollan fuentes internas como el logro de objetivos y la mejora personal.

Las principales diferencias en relación al sexo se hacen visibles en la adolescencia, sobre todo en la educación secundaria. A estas edades los chicos se autoperciben según comparaciones competitivas y en base a la capacidad de aprender nuevas habilidades. Las chicas, por su parte, se basan en fuentes internas, de carácter más intrínseco, en parámetros sociales y en el feedback de los adultos, lo que puede evidenciar diferencias en los procesos de socialización (Horn y Harris, 1996).

Existe mucha discrepancia en relación a los beneficios de la autoestima mediante el deporte. De hecho, Fox (2000) llevó a cabo una revisión de la literatura sobre esta cuestión, llegando a la conclusión de que es cierto que en algunas ocasiones se mejora la autoestima gracias a la práctica de ejercicio físico, pero que en la mitad de los estudios no se mostraban cambios relevantes. Lo cual nos lleva a suponer que la relación entre el ejercicio físico y la autoestima es insostenible, por falta de evidencias científicas, ya que según este autor influye mucho el tipo de población objeto de estudio, el ambiente y las características individuales de casa sujeto.

Entre la AF y el autoconcepto existe una relación positiva bidireccional, siendo los que practican deporte escolar entre los 10-11 años los que se perciben más positivamente que los sedentarios (Goñi, Ruiz y Rodríguez, 2004).

Son varios los estudios que han confirmado la relación entre la AF y la práctica deportiva con el autoconcepto físico, tornándose también importantes aspectos como el sexo, la edad, el deporte practicado y el nivel de estudios de los sujetos (Sonstroem, Speliotis y Fava, 1992). Se han evidenciado relaciones positivas entre la AF y la imagen corporal, y entre la AF y la autoestima (Ho y Walker, 1982; Marsh y Pearts, 1988; Meyer, 1987). Los sujetos con alta autoestima son más activos y practican deporte con más regularidad que sus compañeros que se autoperciben de forma más negativa (Fontane, 1996; Gauvin y Spence, 1996; Mueller, Field, Yando, Harding, González, Lasko y Bendell, 1995). Dentro de las percepciones sobre la apariencia física se pueden incluir algunas competencias físicas y la forma corporal, por lo tanto la AF al mejorar las condiciones físicas incrementaría estas percepciones sobre la apariencia (Fox, 1992). Muchos investigadores ven una correlación positiva entre la práctica físico-deportiva y la mejora del autoconcepto, imagen corporal, autoestima, etc. (Morgan y Pollock, 1978; Taylor, Sallis y Needle, 1985; Sonströem y Morgan, 1989; Balaguer y García Merita, 1994; Zulaikza, 1999).

Tercedor (2001) defiende que la práctica correcta de la AF reporta beneficios muy positivos en los sujetos, en el plano psicológico, disminuyendo la ansiedad y depresión, a la vez que correlaciona positivamente con la autoestima, bienestar mental y la percepción que cada sujeto tiene de sus propias capacidades.

El autoconcepto físico y su relación con la práctica de AF y deportiva ha sido objeto de estudio por numerosos investigadores. Atienza, Balaguer, García-Merita y Moreno (1997) y Moreno (1997) abordaron un estudio al respecto mediante la aplicación de un cuestionario con el Perfil de Autopercepción Física (PSPP). Los sujetos fueron divididos por su sexo y por la práctica o no de AF. Una vez analizados los resultados se concluyó que se obtenían puntuaciones más elevadas en ambos géneros entre los sujetos que eran más activos físicamente, siendo la diferencia más significativa en función del género con una clara diferencia favorable a los varones.

Del mismo modo, Sánchez Bañuelos (1999) extrae como conclusión, después de analizar los principales estudios afines, que se produce una mejoría en los estados de ánimo de los individuos a medida que presentan niveles más elevados de práctica físico-deportiva. Recomendándose como el más adecuado aquel ejercicio de baja intensidad y realizado de forma continuada en el tiempo. Siguiendo estos parámetros de ejercitación, las personas más beneficiadas serían aquellas de baja condición física, las mujeres y el colectivo de la tercera edad.

Moreno y Cervelló (2005) en un estudio conjunto sobre el autoconcepto físico y el efecto del género, y la práctica de actividad físico-deportiva extraescolar y la frecuencia de práctica, en una muestra de estudiantes de educación física, mediante la aplicación del PSPP (Gutiérrez y cols., 1999), determinaron que aquellos alumnos que practican en mayor frecuencia, percibían su competencia de forma más positiva, a la vez que se veían más atractivos y con una mejor condición física y fuerza corporal que sus compañeros sedentarios. A esta conclusión también llegaron García y cols. (1995) y Pak-Kwong (1995) los cuales detectaron que los sujetos más activos experimentaban mejoría en los niveles de autoestima.

Para obtener todos estos beneficios hay que programar un ejercicio atractivo y motivante, pero para disfrutar con la práctica del ejercicio físico hay que tener una cierta competencia motriz. Controlando todas estas variables se producirán mejorías en el estado psicológico del sujeto. Por tanto, desde la edad escolar hay que incitar a los niños a que practiquen aquellas actividades y deportes por las que sientan una mayor motivación y gozo, así interiorizarán la AF como un hábito, consiguiendo una mayor integración en su entorno social.

3.3. Autoconcepto físico y género

La imagen corporal es un aspecto que centra la atención de las personas y sobre todo de las mujeres, en mayor medida que en los varones (Koff, Rierdan y Stubbs, 1990; Cardenal, 1999), prestando más interés por la apariencia física y el control del peso corporal (Goñi, Ruiz y Rodríguez, 2004). Como hemos visto con anterioridad la imagen corporal está compuesta por diferentes parámetros, entre los cuales existen diferencias significativas entre el sexo de los sujetos. Los varones le dan más importancia a aspectos relativos a la fuerza y la condición física y por su parte las mujeres se centran más en el atractivo físico, la condición física y el peso corporal. Esto puede ser debido a la gran influencia que ejerce la sociedad actual sobre todo lo referente al aspecto y atractivo físico, unido todo ello al vigente modelo de belleza femenina, muy en consonancia con una delgadez muy acusada (Franzoi y Shields, 1984).

A pesar de los esfuerzos hacia la igualdad de oportunidades en el deporte y la participación en la AF, los estereotipos de género persisten en los deportes (Riemer y Visio, 2003). Steele y Aronson (1997) sostienen que el comportamiento y el rendimiento se ven afectados por los estereotipos sociales, por tanto es lógico que niños y niñas se autoperciben físicamente en función del deporte que practiquen. Por otra parte, la importancia social de los estereotipos en el deporte y el grado en que la masculinidad tiene un papel importante (es decir, el deporte es un ámbito en el que los niños y los hombres se les anima a la práctica e incluso a desarrollar la masculinidad), por tanto los niños que participan en deportes típicamente encasillados como de chicas probablemente tendrán una personalidad y autoestima más desarrollada, puesto se necesita tener mucha confianza en sí mismo para ir en contra de la norma (Connell, 2002; Messner, 2002). Este razonamiento también es aplicable a las chicas. Las diferencias pueden ser más evidentes para los niños, porque es más común y socialmente aceptable que sean las niñas las que participen en deportes propios del otro género, que a la inversa (Schmalz y Krahnstoever, 2006).

En lo que se refiere al género, los niños han demostrado repetidamente que tienen un mayor autoconcepto físico que las niñas. Dado el carácter masculino de la AF y el deporte, este resultado parece razonable. Las mujeres presentan unos menores niveles de satisfacción corporal en comparación con los varones, de todos los parámetros relacionados con la imagen corporal el que más centra su atención es el peso corporal. Como se dice, las chicas otorgan tanta importancia al atractivo físico, en buena medida por la presión social en la que se ven inmersas. Esta evidencia se hace más notoria entre las mujeres, pasando los hombres a un segundo plano en lo que a la imagen corporal y su influencia sobre la percepción del autoconcepto se refiere (Freedman, 1984; Brooks-Gunn, 1992; Kearney-Cooke, 1999). Esta percepción negativa de la imagen corporal puede desembocar en trastornos de la conducta alimenticia, la raíz a este problema puede tener un origen biológico, familiar y sociocultural (Gardner, Stark, Friedman y Jackson, 2000; Leung, Thomas y Waller, 2000; Thompson y Chad, 2000; Gowers y Shore, 2001).

Si hay una época vital donde estas diferencias se mantienen es la adolescencia, aquí los valores de las mujeres caen por debajo de los niveles atribuidos a los varones, viéndose la imagen corporal de las chicas mucho más reducida. Contribuyen a ello de forma decisiva la deficiente percepción que ellas tienen sobre su apariencia y capacidad física (Corbin y cols., 2002; Marcotte, Fortín, Potvin y Papillon, 2002).

El nivel de práctica de AF es una variable importante para analizar la autoestima de las personas. No en vano hay estudios que afirma que la autoestima de las mujeres se incrementa conforme aumenta el tiempo destinado a la práctica de actividades físico-deportivas, en buena parte debido a los sentimientos de logro y pertenencia a un grupo experimentados, así como a la adquisición de nuevas habilidades (Trew, Scully, Kremer y Olge, 1999). Los sentimientos que les reportan a las personas la práctica deportiva varían en función del género, así pues las mujeres se sienten más inseguras que los varones en el desarrollo de actividades de carácter físico-deportivas (Brustad, 1993). Los hombres suelen presentan puntuaciones más altas en todo lo relativo a la competencia percibida, atractivo corporal, condición y fuerza física, presentando también una tendencia a sobrevaloración de su capacidad física en relación con las chicas (Eccles y Harold, 1991). Autores como Mendoza (1995) confirmaron esta tendencia postulando que las chicas presentan menores niveles de autoestima cuando el deporte o la AF que practican presentan vínculos masculinos, si nos encontramos ante una tarea con un marcado carácter competitivo y cuando se otorga un feedback ambiguo.

3.4. Autoconcepto físico y edad

La correcta valoración del autoconcepto físico puede servir para determinar el concepto de sí mismo que tienen los sujetos, su bienestar psicológico, la salud mental y la afirmación de la propia identidad (Coleman, 1985; Harter, 1998; Lujan, 2002).

La mayor parte de los estudios llegan a la conclusión de que se produce un incremento de la autoestima paralelo al aumento de la edad de los sujetos. La excepción se encontraría en los primeros años de la adolescencia (10-13 años) donde se produce un brusco descenso, esto puede tener su razón de ser en los cambios propios de la pubertad, ya que una vez que los sujetos se acostumbran y perciben como corrientes dichos cambios, su autoestima aumenta y restablece sus valores normales (Butcher, 1989; Cairns, McWhirter, Duffy y Barry, 1990; Crain y Bracken, 1994).

Otro punto de vista es el de aquellos investigadores que afirman que la competencia física experimenta un aumento a la edad de 10-12 años. En una investigación llevada a cabo con alumnos de segundo y tercer ciclo de primaria se determinó que los chicos más jóvenes tenían una percepción de su autoestima más elevada que los mayores (Van der Berg y Marcoen, 1999). Este incremento de la autoestima a edades inferiores también fue percibido por Bolognini, Plancherel, Bettschart y Halfon (1996), encontrando que tanto la percepción física como la competencia académica eran más elevadas a los 12 que a los 14 años.

La autoestima evoluciona en forma de U, produciéndose un descenso de esta en las edades iniciales de la adolescencia e incrementándose en la parte media y final de esta etapa (O'Malley y Bachaman, 1983).

La práctica de la AF en función de la edad nos revela una correlación positiva con la autopercepción física de las personas en la adolescencia entre los 10-17 años, e idéntico resultado se da en las mujeres de 14 a 17 años de edad (Pastor y Balaguer, 2001).

ESTUDIO SOBRE LAS CONDUCTAS SEDENTARIAS, SALUD E IMAGEN CORPORAL EN ADOLESCENTES

1. DISEÑO

En la actualidad existe un consenso generalizado a nivel científico que manifiesta los beneficios que aporta la práctica de actividad física para la salud, tanto a nivel físico (Cantera y Devís, 2002; Kamarudin y Omar-Fauzee, 2007) como psicológico (Van Praagh, 2002), así como los perjuicios producidos por hábitos inadecuados derivados del sedentarismo (Bailey, 2006; Hancox y Poulton, 2006). Aunque la sociedad actual dispone de mayor información sobre todos los indicadoras anteriores, desde un tiempo a esta parte han aumentado los hábitos de vida poco saludables, que contribuyen a una pérdida progresiva de la calidad de vida de los jóvenes, como por ejemplo el incremento de peso (Cantera, 1997; Castillo y Balaguer, 1998; Sallis y cols., 2000; Ceballos, 2001), pérdida de salud (Arruza y cols., 2008; Valois, Umstattd, Zullig y Paxton, 2008) e incremento del sedentarismo (Kautiainen, Koivusilta, Lintonen, Virtanen y Rimpela, 2005; Román, Serra, Ribas, Pérez y Aranceta, 2008).

Todo lo anterior representa un problema complejo que requiere de información precisa y con el valor científico suficiente para acometer medidas de solución. La presente investigación tiene como punto de partida el estudio de un amplio espectro de variables que pueden estar directamente relacionadas con el sedentarismo, disminución de la actividad física, y la pérdida de calidad de vida en los adolescentes.

Se trata de un estudio descriptivo, cuantitativo, y de corte transversal en poblaciones mediante encuestas (Montero y León, 2007). Se realizó un muestreo aleatorio por conglomerados y estratificado con afijación simple. La justificación principal de este estudio, está dirigida a conocer cómo se manifiestan estos parámetros de bienestar y estilos de vida saludables en escolares andaluces de entre 13 y 16 años.

2. OBJETIVOS

El presente estudio se propuso los siguientes objetivos:

1º.- Conocer las conductas sedentarias de los estudiantes andaluces, tanto en días entre semana como durante el fin de semana. De una forma más concreta se pretendió comprobar en qué medida los adolescentes visualizan la televisión, utilizan el ordenador y dedican tiempo a hacer las tareas escolares.

2º.- Determinar la salud autopercibida del alumnado en base a los indicadores de percepción de malestar físico y psíquico, así como una valoración mediante una escala de vida.

3º.- Saber la percepción del alumnado respecto a su imagen corporal y a la realización de algún tipo de dieta como método de control del peso corporal.

De forma adicional, se ha tomado como referencia el estudio Health Behaviour in School-aged Children (HBSC) de 2006 realizado por la OMS en Europa y con resultados pormenorizados por países, y por regiones en España, entre ellas la Comunidad Autónoma de Andalucía (Moreno, Muñoz, Pérez y cols., 2008).

Resultados tanto del estudio HBSC antes mencionado, como de otras investigaciones pusieron de manifiesto que los hombres son más activos que las mujeres, que el nivel de AF se reduce a medida que se incrementa la edad de los sujetos; y que el tiempo invertido en hábitos sedentarios como el visionado de la televisión es superior entre los varones. Por otra parte, la satisfacción con la escuela es superior entre las chicas, disminuyendo conforme se incrementa la edad; la percepción de la salud es superior en los varones, y escolares de menor edad; la satisfacción de vida determina que los escolares españoles estudiados se encuentran en niveles superiores a la media europea; la imagen corporal estipula que los varones están más contentos con su cuerpo que las mujeres y que los sujetos de menor edad perciben su talla como correcta en proporciones superiores a sus compañeros de edad más avanzada; el líneas generales los varones se encuentran más motivados hacia la práctica de la AF que las mujeres.

Consideramos que la complejidad de los anteriores resultados, unido a la diversidad ambiental, social y cultural, puede suponer diferencias tanto en la opinión como en el comportamiento de los adolescentes entre las distintas zonas geográficas. Por tanto, mediante el presente estudio pretendemos la constatación de estos hechos dentro de un entorno común con características propias como es la comunidad autónoma andaluza. A priori, y en función de la fundamentación teórica anteriormente mencionada, podemos hipotetizar que:

- Los varones destinan más tiempo a actividades sedentarias que los escolares de sexo femenino.

- En el periodo extraescolar (fin de semana) los adolescentes dedican más tiempo al ocio sedentario en comparación a los días laborables.

- El sedentarismo se hace más acusado entre los sujetos de mayor edad.

- Los sujetos con sobrepeso u obesidad tienen niveles de sedentarismo superiores a sus semejantes con normopeso.

- Los varones tienen una percepción más positiva sobre su salud que las mujeres.

- Los sujetos de menor edad manifiestan niveles de salud más elevados en relación a los de edades superiores.

- Los sujetos activos físicamente presentan una mejor salud que los sedentarios.

- Los adolescentes masculinos presentan una percepción más positiva de su cuerpo que las chicas.
- Los sujetos con sobrepeso muestran más disconformidad con su cuerpo que los normopeso.
- A medida que el escolar presenta una mayor sensación de buena salud, su imagen corporal será más positiva.

3. PARTICIPANTES EN EL ESTUDIO

Participaron 2293 adolescentes escolares de Educación Secundaria Obligatoria (ESO). Las edades de los escolares se encuentran entre 13 y 16 años. A continuación se exponen los datos de la muestra en función del sexo, edad, curso, tipo de centro (público, privado), población (rural, urbano), provincia, índice de masa corporal (IMC) y nivel de actividad física (AF) de los participantes (Tabla 3).

Tabla 3. Reparto muestral según el género, edad, curso, tipo de centro, población, provincia, IMC y nivel de AF. Datos expresados en porcentaje.

Género	Masculino			Femenino			
	50.2			49.8			
Edad	13 años		14 años		15 años		16 años
	33.2		25		26.2		15.6
Curso	1º ESO		2º ESO		3º ESO		4º ESO
	25.2		26.7		24.5		21.6
Tipo de Centro	Público			Privado			
	56.4			43.6			
Población	Rural			Urbano			
	69.6			30.4			
Provincia	Almería	Cádiz	Córdoba	Granada	Huelva	Jaén	Málaga	Sevilla
	10.2	12.5	6.8	4.5	17.4	30	6	12.5
IMC	Normopeso		Sobrepeso		Obesidad		
	83.6		9.2		7.2		
Nivel de AF	Activos			Inactivos			
	45.2			54.8			

3.1. Distribución de alumnado y centros educativos en Andalucía

Como se puede apreciar en la tabla 4 de la totalidad de centros andaluces que ofertan educación secundaria, la red pública contribuye con 1.199 (72%) y la privada con 464 (28%), sumados ambos grupos da un total de 1.663 centros. El número medio de alumnado por centro es de 25.7, siendo superior en los privados (27.5) que en los públicos (25.2).

Tabla 4. Datos relativos al número de alumnado matriculado, de centros y media de alumnado por centro de Educación Secundaria Obligatoria. Curso académico 2008-2009.
Desglose por provincias andaluzas y titularidad del centro.

	Tipo de centro	Andalucía	Provincias							
			Almería	Cádiz	Córdoba	Granada	Huelva	Jaén	Málaga	Sevilla
Nº de alumnado matriculado en ESO	Todos	383.194	31.179	57.527	37.775	43.091	23.792	34.391	67.044	88.402
	Públicos	290.416	26.877	42.818	28.847	30.324	19.639	27.067	49.194	65.650
	Privados	92.778	4.302	14.702	8.928	12.767	4.153	7.324	17.850	22.752
Nº de centros que imparten ESO	Todos	1.663	142	239	171	224	118	177	268	324
	Públicos	1.199	118	160	121	165	95	140	185	215
	Privados	464	24	79	50	59	23	37	83	109
Nº medio alumnado de ESO por centro	Todos	25.7	25.8	25.8	25.5	25.2	24.3	25	26.1	26.3
	Públicos	25.2	25.6	25.4	25.1	24.3	24	24.5	25.4	25.8
	Privados	27.5	27.4	27.3	27	27.5	26.3	27.3	28.1	27.5

Fuente: Servicio de Estadísticas de la Consejería de Educación de la Junta de Andalucía (2009).

Se eligieron centros de capitales de provincia, rurales y urbanos, así como públicos y privados. De entre todos aquellos centros de Andalucía que expresaron un interés favorable en participar en la investigación, se escogieron 9 centros públicos que representaron el 56.4% (n = 1.293) de la muestra y 7 centros privados con el 43.6% (n = 1.000). 3.2. Representatividad de la muestra

El universo poblacional de estudiantes de Educación Secundaria Obligatoria de la Comunidad Autónoma Andaluza está compuesto por 383.194 matriculados. Las características propias de la población se presentaron en la tabla 6 anteriormente expuesta.

La muestra utilizada para el estudio es representativa del universo poblacional de jóvenes adolescentes de Andalucía, con un nivel de confianza del 95% y un error máximo de 0.03. Para realizar el cálculo del tamaño muestral se tuvo en cuenta la fórmula de Nortes Checa (1991). Se fijó inicialmente el error máximo admitido y el nivel de confianza. Una vez determinado el error máximo admisible e, y el coeficiente k correspondiente al nivel de confianza pk se obtiene el siguiente tamaño muestral para estimar la proporción:

$$e = k \sqrt{\frac{pq}{n}} \sqrt{\frac{N-n}{N-1}} \Rightarrow e^2 = k^2 \frac{pq}{n} \cdot \frac{N-n}{N-1}$$

donde: $k = z_{\frac{\alpha}{2}}$ Despejando se obtiene:

$$n = \frac{k^2 \cdot pq \ N}{e^2 \ (N-1) + k^2 \cdot pq}$$

Teniendo en cuenta que el valor máximo de pq = 1/4, la ecuación final utilizada quedó de la siguiente forma:

$$n = \frac{k^2 \ N}{4 \ e^2 \ (N-1) + k^2}$$

La anterior ecuación fue programada en la hoja de cálculo Excel y se realizaron aproximaciones hasta concretar el tamaño muestral citado al inicio del presente epígrafe.

4. INSTRUMENTOS

Para obtener la información del alumnado se utilizó el cuestionario como instrumento de medida. Uno de los aspectos más valorados del cuestionario es que permite las comparaciones entre los individuos y los países, es una técnica no invasiva y está diseñado para asegurar la integridad del individuo y su anonimato, y puede ser administrado con eficiencia. Como punto débil, un cuestionario limita la profundidad y cobertura de las medidas con respecto a métodos más cualitativos.

Se utilizó un paquete de cuestionarios encaminados a conocer los aspectos relacionados con la opinión de los alumnos el sedentarismo. Al cuestionario elegido en idioma extranjero se le aplicó el proceso conocido como traducción inversa. Se tradujeron primero al español, y después se enviaron a profesionales especializados para que a partir de la traducción a nuestro idioma, los volviesen a traducir al inglés y comprobar así que el proceso de validación de traducción es correcto. Finalmente, los cuestionarios utilizados fueron:

- Cuestionario sobre sedentarismo. "Sedentary behaviors questionnaire" (Todd y Currie, 2004).
- Cuestionario sobre la salud y bienestar. Questionnaire of health and well-being (Torsheim, Välimaa y Danielson, 2004).
- Cuestionario sobre la imagen corporal. Questionnaire about body image and weight control (Mulvihill, Németh y Vereecken, 2004).

4.1. Cuestionario sobre sedentarismo. Sedentary behaviors questionnaire (Todd y Currie, 2004)

Formado por 6 ítems con una escala de respuesta tipo likert de 9 opciones. Fueron usadas tres preguntas: ver la televisión y vídeos, usar el ordenador, y hacer los deberes de la escuela. Hay que distinguir entre las actividades sedentarias del fin de semana y los días entre semana, para conseguir de esta forma una imagen más precisa del tiempo invertido cada una de ellas.

- 1.- En un día entre semana, ¿cuántas horas ves la televisión (incluyendo vídeos)?
- 2.- En un día entre semana, ¿cuántas horas usas el ordenador?
- 3.- En un día entre semana, ¿cuántas horas pasas en casa haciendo los deberes de clase?
- 4.- En un día durante el fin de semana, ¿cuántas horas ves la televisión (incluyendo vídeos)?
- 5.- En un día durante el fin de semana, ¿cuántas horas usas el ordenador?
- 6.- En un día durante el fin de semana, ¿cuántas horas pasas en casa haciendo los deberes de clase?

La escala de respuesta fue la misma para todos los ítems: 1 = 0 horas, 2 = Media hora, 3 = Una hora, 4 = Dos horas, 5 = Tres horas, 6 = Cuatro horas, 7 = Cinco horas, 8 = Seis horas y 9 = Siete horas.

Todd y Currie (2004) combinaron las respuestas hasta formar dos categorías:

- Altos niveles de uso de la televisión ($\geq$ 4 horas al día).
- Altos niveles de uso del ordenador y hacer deberes ($\geq$ 3 horas al día).

4.2. Cuestionario sobre la salud y bienestar. Questionnaire of health and well-being (Torsheim, Välimaa y Danielson, 2004)

Pretende extraer información sobre el estado de salud de los adolescentes. En algunos casos, los autores usaron una lista de síntomas estándar para medir las quejas de salud subjetivas (ítem 2), y en otro (ítem 3) la satisfacción de la vida se derivó de la técnica de medición conocida como la escala de Cantril. Tiene 10 pasos: la cima de la escala indica la mejor vida posible, y el fondo la peor vida posible. A los jóvenes se les pidió que indicaran el lugar de la escala en que colocarían sus vidas en el presente. En esta escala, una puntuación de 6 o más era definida como un nivel positivo de satisfacción de vida. El cuestionario lo componen 3 ítems con una escala de 4, 5 y 11 opciones de respuestas.

- 1.- Dirías que tu salud es.

    Escala de respuesta: 1 = pobre, 2 = razonable, 3 = buena y 4 = excelente.

- 2.- En los últimos 6 meses, con qué frecuencia has tenido algo de lo siguiente: dolor de cabeza, dolor de estómago, dolor de espalda, estado triste, irritabilidad, mal humor, sentido nervioso, dificultades en conciliar el sueño y sentido vértigo.

    Escala de respuestas: 1 = más o menos cada día, 2 = más de una vez por semana, 3 = más o menos todas las semanas, 4 = más o menos cada mes y 5 = casi nunca o nunca.

    3.- Si en una escala, 10 es la mejor vida posible para ti, y 0 es la peor vida posible para ti. ¿Dónde sientes que estás situado/a en la escala?

    Escala de respuestas: 1 = cero, 2 = uno, 3 = cuatro, 4 = tres, 5 = cuatro, 6 = cinco, 7 = seis, 8 = siete, 9 = ocho, 10 = nueve y 11 = diez.

4.3. Cuestionario sobre la imagen corporal. Questionnaire about body image and weight control (Mulvihill, Németh y Vereecken, 2004)

Su objetivo es obtener información sobre la imagen del cuerpo, así como conocimiento del peso y talla del encuestado. Lo componen 4 ítems, dos de ellos con una escala de 4 y 5 opciones de respuesta, en los dos restantes se solicita información específica sobre peso y talla.

- 1.- Piensas que tu cuerpo es

Escala de respuesta: 1 = demasiado delgado, 2 = un poco delgado, 3 = con la talla correcta, 4 = un poco gordo y 5 = demasiado gordo.

- 2.- En el presente, ¿estás a dieta o haciendo algo para perder peso?

Escala de respuestas: 1 = no, porque estoy delgado, 2 = no, mi peso es correcto, 3 = no, pero yo debería perder algo de peso y 4 = sí.

Información sobre la altura y el peso de cada estudiante (estos datos fueron usados para calcular el IMC de los entrevistados).

- 3.- ¿Cuánto pesas sin ropa?
- 4.- ¿Cuánto mides sin zapatos?

5. PROCEDIMIENTO

Se envió de forma aleatoria invitación para participar en la investigación a un 13% de los centros de la CCAA andaluza, lo que representa 215 centros educativos. Se recibieron 30 respuestas afirmativas para la participación. Se seleccionaron los centros participantes, atendiendo a criterios de compatibilidad con parámetros del estudio (proporcionalidad de la muestra, variables sociodemográficas...) y accesibilidad.

Una vez escogido el instrumento de trabajo, se elaboró un dossier informativo, que fue remitido a cada uno de los centros seleccionados, compuesto por un cuestionario tipo dirigido al profesorado de EF (Anexo I), una carta informativa dirigida al Director del Centro (Anexo II) y Jefe del Departamento de Educación Física (Anexo III) y una hoja de consentimiento informado dirigida a los padres (Anexo IV). Con estos documentos se explicó el propósito de la investigación, a la vez que solicitaba su colaboración, tanto al centro y profesorado de EF como a los padres. Todo este material se envió por correo a 215 centros de Educación Secundaria Obligatoria de la Comunidad Autónoma

Andaluza. Pasada una semana desde la fecha de envío se contactó telefónicamente con el profesorado de EF de cada uno de los centros elegidos, el objetivo principal fue aclarar dudas de todo lo relativo a la investigación, al tiempo que se le pedía personalmente su colaboración.

De la totalidad de los centros que se mostraron favorables a participar (30), se eligieron 16 teniendo en cuenta los criterios de compatibilidad, accesibilidad y representatividad de la muestra, abarcando las ocho provincias andaluzas. El siguiente paso fue concertar una cita con los responsables del área de EF para aunar criterios y analizar el cuestionario. Se pretende controlar las posibles deficiencias del instrumento, bien por utilización incorrecta del lenguaje, repetición de ítems, conceptos formulados de forma enrevesada, y todas aquellas cuestiones susceptibles de mejora.

Posteriormente, durante el plazo de una semana, se abordaron todas las sugerencias hechas por los docentes para optimizar el procedimiento. Se citó telefónicamente al equipo de trabajo, compuesto por el profesorado de EF, concretándose el número exacto de ejemplares necesarios requeridos por cada docente, que fueron enviados por agencia de mensajería, en el plazo máximo de una semana. Este encuentro fue aprovechado para determinar si podría existir algún problema de lenguaje con ciertos estudiantes, haciéndose hincapié que sólo participarían en la encuesta aquellos escolares que de forma expresa no hayan sido desautorizados por sus padres (mediante la hoja de consentimiento informado). Explicándole al profesorado de forma detallada su trabajo a realizar, en concreto se le informó que la duración máxima de la prueba sería de 25 minutos, se aconsejó que el alumnado estuviese en disposición de examen, para así impedir el intercambio de información entre los entrevistados, siendo el profesorado de EF el responsable de repartir los cuestionarios y de leer las instrucciones previas. En el caso de que surgiese alguna pregunta, sólo éstos docentes estaban autorizados a responderla. Se insistió en la necesidad de que la prueba se realizase en el aula normal de clase, para otorgarle más importancia, favoreciendo un clima de trabajo y disciplina. Normalmente la hora elegida coincidió con la correspondiente a la asignatura de EF.

El investigador principal disponía del horario del centro y sabía con antelación el día en que cada grupo iba a hacer la prueba. Llegado el día, los alumnos estaban sentados en su aula de clase, en disposición de examen. El docente responsable les entregaba a cada uno de los participantes un cuestionario boca abajo, al cual no podían dar la vuelta hasta que todos no estuviesen repartidos. A continuación, este docente leía las instrucciones previas para su cumplimentación y se informaba al alumnado de la necesidad de levantar la mano para aclarar dudas, con la intención de no interferir al resto de compañeros, así como la necesidad de leer detenidamente las preguntas y no dejarse ninguna sin contestar. Se les animó a que respondiesen de manera sincera, resaltando el carácter anónimo de la prueba.

Justo en el ecuador de la prueba, el profesorado informaba del tiempo restante y cuando éste tocaba a su fin se avisaba de su finalización, dejando un periodo extra de 5 minutos para revisar el trabajo. Los cuestionarios eran entregados individualmente, por orden de lista, y el profesorado era el responsable de revisarlos a fin de que no quedase ninguna pregunta sin contestar y/o evitar respuestas incorrectas.

Tras la recogida de todos los cuestionarios cumplimentados, el profesorado implicado contactaba telefónicamente con el investigador principal para acordar un punto y horario de recogida del material, el cual estaba empaquetado con los datos postales del centro escolar de referencia. Se propuso la posibilidad de incluir una hoja informativa, a rellenar por parte del profesorado de EF colaborador, donde quedarían registradas las principales incidencias y/o sugerencias, para en un futuro mejorar este procedimiento.

Paralelo a la recepción de los cuestionarios, toda la información fue almacenada en una base de datos creada a tal efecto. Cuando se completó este proceso se procedió al análisis estadístico de los datos.

6. ANÁLISIS ESTADÍSTICO Y VARIABLES DEPENDIENTES E INDEPENDIENTES

El tratamiento estadístico de los datos se realizó con el programa informático Statistical Package for the Social Sciences (SPSS) para Windows (versión 15.0). Se realizó análisis descriptivo de datos mediante análisis de frecuencias y Tablas de contingencia. Para el establecimiento de las posibles correlaciones se utilizó el análisis de correlación de Pearson. Las diferencias se obtuvieron mediante comparación de medias con Análisis de Varianza (ANOVA), utilizando para el ajuste del intervalo confianza en la comparación de efectos la prueba Diferencia Mínima Significativa (DMS). Para todos los análisis se utilizó el nivel de confianza convencional del 95%. Para la redacción de los resultados analizados se siguieron las indicaciones recogidas en Ramos, Moreno, Valdés y Catena (2008).

6.1 Variables involucradas en el estudio

1. *Nivel de AF*. Los sujetos se clasificaron como activos, aquellos que hacen AF $\geq$ 5 días a la semana durante al menos 60 minutos diarios, e inactivos cuando destinan a la práctica de AF < de 5 días a la semana durante al menos 60 minutos diarios. Todo ello según los criterios de Prochaska, Sallis y Long (2001).

2. *Sedentarismo*. Tiempo invertido en actividades sedentarias durante toda la semana.

3. *Nivel de Salud*. La muestra fue clasificada con salud pobre/razonable o buena/excelente, obtenida en función de la pregunta 18 del cuestionario general, en que se preguntaba a los sujetos sobre si su salud es pobre, razonable, buena o excelente.

4. *Imagen Corporal*. Establece la opinión del alumnado sobre su propia imagen corporal.

5. *Edad*. Las edades de la muestra van desde los 13 a los 16 años. Quedando clasificados los sujetos con 13, 14, 15 y 16 años.

6. *Tipo de Centro*. Los centros escolares seleccionados son públicos o privados, abarcando éstos últimos tanto a los privados como a los concertados.

7. *Población*. Los centros objeto de estudio pertenecen a hábitat rural (poblaciones <10.000 habitantes) o urbano (poblaciones >10.000 habitantes), según los parámetros utilizados por el Instituto Nacional de Estadística (INE).

8. *IMC*. Hace referencia al índice de masa corporal de los sujetos (IMC = peso/talla^2). Se clasificaron los participantes como normopeso, sobrepeso y obesidad. Su clasificación se ajustó según las Curvas y Tablas de Crecimiento del Estudio Longitudinal y Transversal 2004 llevado a cabo por el Instituto de Investigación sobre Crecimiento y Desarrollo (Fundación Faustino Orbegozo).

9. *Morfotipo*. Hace alusión a la composición corporal de los sujetos. Clasificados como endomorfos, mesomorfos y ectomorfos (Ogden, Flegal, Carroll y Johnson, 2002; Sheldon, Stevens y Tucker, 1940). Esta clasificación se puede ver en la pregunta 5 de la primera hoja del anexo I.

RESULTADOS RELACIONADOS CON EL SEDENTARISMO, SALUD E IMAGEN CORPORAL

1. Resultados relacionados con los hábitos Sedentarios

- Sedentary behaviors questionnaire (Todd y Currie, 2004). Cuestionario sobre sedentarismo.

Formado por 6 ítems con una escala de respuesta tipo likert de 4 opciones. Fueron usadas tres preguntas: ver la televisión y vídeos, usar el ordenador, y hacer los deberes de la escuela. Hay que distinguir entre las actividades sedentarias del fin de semana y los días entre semana, para conseguir de esta forma una imagen más precisa del tiempo pasado participando en ellas.

- 1.- En un día entre semana, ¿cuántas horas ves la televisión (incluyendo vídeos)?
- 2.- En un día entre semana, ¿cuántas horas usas el ordenador?
- 3.- En un día entre semana, ¿cuántas horas pasas en casa haciendo los deberes de clase?
- 4.- En un día durante el fin de semana, ¿cuántas horas ves la televisión (incluyendo vídeos)?
- 5.- En un día durante el fin de semana, ¿cuántas horas usas el ordenador?
- 6.- En un día durante el fin de semana, ¿cuántas horas pasas en casa haciendo los deberes de clase?

La escala de respuesta fue la misma para todos los ítems: 1 = 0 horas, 2 = Media hora, 3 = Una hora, 4 = Dos horas, 5 = Tres horas, 6 = Cuatro horas, 7 = Cinco horas, 8 = Seis horas y 9 = Siete horas.

Todd y Currie (2004) combinaron las respuestas hasta formar dos categorías:

- Altos niveles de uso de la televisión (≥ 4 horas al día).
- Altos niveles de uso del ordenador y hacer deberes (≥ 3 horas al día).

De los resultados obtenidos del presente cuestionario, se obtuvo un coeficiente de fiabilidad de Cronbach de 0.543

1.1. Grado de sedentarismo adolescente en función del número de horas ante la televisión durante los días escolares.

1.1.1. Resultados generales

La opinión del alumnado en referencia al visionado de la TV ofrece una media de respuestas de 4.31 y una desviación típica de 1.67. Porcentualmente, el valor máximo (28.3%) corresponde a los sujetos que destinan 2 horas al día a ver la TV y el mínimo (1.5%) a los que invierten 6 horas (Figura 1).

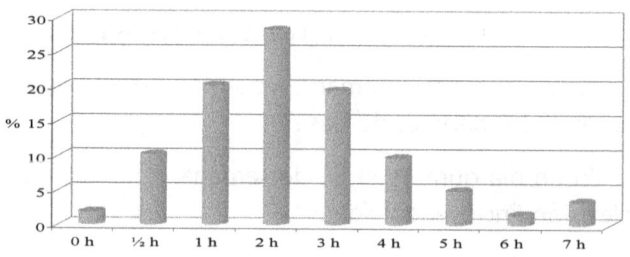

Figura 1. Resultados porcentuales generales de visionado de TV al día entre semana.

1.1.2. Opinión de los adolescentes en función de los factores más importantes

A continuación se presentan los resultados obtenidos a partir del análisis de frecuencias mediante Tablas de contingencia: Género, edad, tipo de centro, población, índice de masa corporal, morfotipo, nivel de actividad físca, y nivel de salud.

1.1.2.1. En función del género

En los niveles de menor dedicación al visionado de la televisión son los varones los que obtienen los mayores porcentajes, así el 11.1% destina media hora, el 22.8% 1 hora, el 28.9% 2 horas. Entre las 3 y las 6 horas diarias es cuando las mujeres cobran mayor protagonismo, con porcentajes superiores al de los varones. Este análisis descriptivo se realizó mediante Tablas de contingencia utilizando como prueba de contraste de varianzas el test de Chi-cuadrado, manifestando diferencias significativas ($p=0.016$) favorables a los varones, puesto tienen conductas menos sedentarias.

1.1.2.2. Resultados por edad

Según las respuestas de los adolescentes, se encuentran con media hora (13%) y 1 hora (20.8%) al día de dedicación a ver la televisión al día, en porcentajes mayores, los sujetos de 13 años de edad. Con 2 y 3 horas los más representados son los de 14 años con el 28.8 y 20.1%. Los adolescentes de 15 son los que destinan más tiempo al ocio pasivo, siendo entre las 5 y las 7 horas el grupo más numeroso.

1.1.2.3. Resultados por tipo de centro

En base a las respuestas obtenidas, los porcentajes son bastante parejos en ambos centros, los que pertenecen al público destinan 1 hora el 20.4% por el 20.2% de los privados. Con 2 horas el 29.9% de los privados y el 27.1% de los públicos, siendo también estos últimos los más representados en torno a las 3-4 horas de TV al día. Y en las mayores franjas de TV dominan los públicos con datos del 10.8% en 5 horas, con el 5.4% a las 6 horas y el 1.6% a las 7 horas.

1.1.2.4. Resultados por población

El análisis descriptivo de los datos se realizó mediante Tablas de contingencia, aplicándose también la prueba de Chi-cuadrado para estudio de contrastes de la varianza, deduciéndose diferencias significativas ($p=0.022$) favorables a los sujetos de centros urbanos. Los alumnos que en los niveles inferiores de visionado de la televisión adquieren los porcentajes más elevados son los de zonas urbanas, con el 2.1% en 0 horas al día y el 11% en media hora. Con el 20.5 y el 29.5% aparecen los urbanos en 1 y 2 horas diarias. Las 4 y 5 horas son dominadas por los rurales (11 y 6.8%), siendo mayores las cifras para los urbanos en las 6 horas y para los rurales en las 7 horas.

1.1.2.5. Resultados por índice de masa corporal

En análisis del visionado de la TV según el IMC determina que los obesos copan las cifras más elevadas cuando la dedicación a esta actividad sedentaria es de 3 (24.1%), de 5 (6.2%) y 7 horas diarias (6.2%). Cuando se emplea menos tiempo en el ocio pasivo el grupo más numeroso es el normopeso, con el 10.6% en media hora, el 21% en 1 hora y el 28.6% en 2 horas diarias (Figura 2).

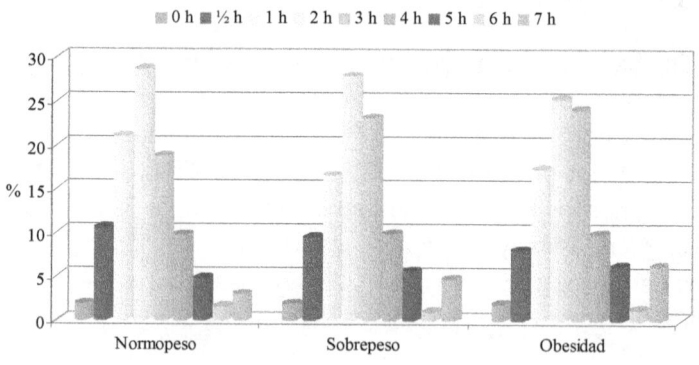

Figura 2. Resultados porcentuales de visionado de TV al día entre semana Clasificación por IMC [normopeso (n=1.916), sobrepeso (n=212) y obesidad (n=162)].

1.1.2.6. En función de la apariencia física

Los adolescentes que invierten más tiempo viendo la TV al día son los endomorfos (4.9%) seguidos por los mesomorfos (2.8%) y ectomorfos (1.9%). Los que afirman no ver nada la TV son en mayor medida los ectomorfos (2.9%). Con 2 horas al día los ectomorfos (30.7%), con 3 los endomorfos (23.1%) y con 5 los mesomorfos (5.2%).

1.1.2.7. Resultados por nivel de actividad física

A tenor de los datos, en las franjas de menor dedicación al visionado de la TV es cuando los porcentajes de los activos son más elevados, presentando el 12.9% para media hora, el 20.6% para 1 hora y el 29% para 2 horas. Entre 3 y 7 horas cobran más relevancia los inactivos con niveles del 20.8% en 3 horas, del 10.5% en 4, del 5% para 5 horas, del 1.8% para 6 horas y del 3.9% para las 7 horas diarias de TV. Por tanto, tras la aplicación de la prueba de Chi-cuadrado para estudio de contrastes de varianzas se manifestaron diferencias significativas ($p=0.010$) respecto al sedentarismo tendentes a los adolescentes inactivos (Figura 3).

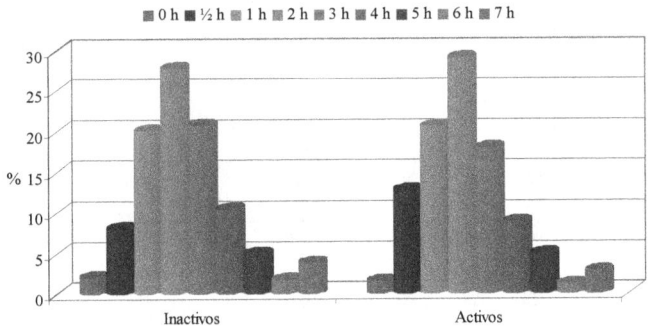

Figura 3. Resultados porcentuales de visionado de TV al día entre semana. Clasificación por nivel de AF [inactivos (n=1.256) y activos (n=1.034)].

1.1.2.8. Resultados por salud

Los sujetos de peor salud son los que presentan los porcentajes superiores en los mayores tramos de dedicación al visionado de la TV, en concreto el 8.4% destina 5 horas y el 4.5% 7 horas. Entre las 0 y 1 diaria los más representados son los de salud buena/excelente, con niveles del 2% en 0 horas, del 10.5% en media hora y del 20.4% para 1 hora. Evidenciándose diferencias significativas ($p=0.016$), tras la aplicación de la prueba de Chi-cuadrado para estudio de contrastes de varianzas entre ambos grupos, con mayor tendencia sedentaria en los de salud más pobre.

1.2. Grado de sedentarismo adolescente en función del número de horas ante el ordenador durante los días escolares

1.2.1. Resultados generales

La opinión del alumnado en referencia al uso del ordenador ofrece una media de respuestas de 3.79 y una desviación típica de 2.02. Porcentualmente, el valor máximo (20.8%) corresponde a los sujetos que invierte 2 horas y el mínimo (1.7%) a los que destinan 6 horas (Figura 4).

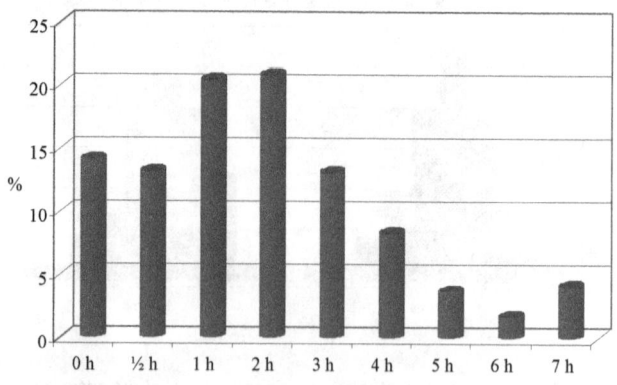

Figura 4. Resultados porcentuales generales de uso del ordenador al día entre semana.

1.2.2. Resultados en función de los factores más importantes

A continuación se presentan los resultados obtenidos a partir del análisis de frecuencias mediante Tablas de contingencia: Género, edad, tipo de centro, población, índice de masa corporal, morfotipo, nivel de actividad fisca, y nivel de salud.

1.2.2.1. Resultados por género

El tiempo de dedicación al día de uso del ordenador es casi idéntico en ambos sexos, así el 13.5% de los varones afirma no usarlo nada por el 15% de las mujeres. Siguiendo esta secuencia destinan 1 hora de ordenador, el 21.6 y el 19.4%, respectivamente. Con 2 horas el 13.1% para ambos sexos. Con 5 horas diarias el 3.4% para los chicos y el 4% para las chicas, y el 4.3 y 4% cuando se emplean 7 horas diarias.

1.2.2.2. Resultados por edad

Cuando se analiza el uso del ordenador en función de la edad se determina que entre las 2 y 4 horas diarias de dedicación se localizan los mayores registros entre los sujetos de 16 años (con el 24.1% para 2 horas, el 13.7% para 3 y el 12.6% para 4), siendo también superior en las 6 horas (3.4%). Los que destinan menos tiempo son los de 13 años, de hecho con 0 horas están el 18.7% y con media hora el 15.4%. De la prueba de Chi-cuadrado para estudio de contrastes de varianzas se deducen diferencias significativas (*p*=0.000), favorables a los sujetos de mayor edad que son los que invierten más tiempo en el ocio pasivo.

1.2.2.3. Resultados por tipo de centro

Las mayores diferencias entre un tipo de centro y otro se localizan cuando se destina 1 hora al día al uso del ordenador, con el 18.9% para los públicos y el 22.6% para los privados. Con 3 horas aparecen el 13.6% de los públicos y el 12.5% de los privados, con 5 horas el 3.6 y el 3.8%, y por último con 7 horas el 4.3 y el 3.9% respectivamente.

1.2.2.4. Resultados por población

El 15.6% del alumnado de zonas rurales no destina nada de tiempo al uso del ordenador por el 13.7% de los urbanos. Entre media y 1 hora los urbanos adquieren mayores proporciones (14 y 21%), con 3 horas las mayores cifras las registran los urbanos (13.5%). Con 5 horas están el 4.3% de los urbanos y el 3.4% de los rurales. La mayor utilización del ordenador, con 7 horas diarias, corresponde al 4.3% de los sujetos de un entorno rural por el 4.1% de los urbanos.

1.2.2.5. Resultados por índice de masa corporal

En los escolares andaluces, a partir de las 3 horas de uso de ordenador los porcentajes más elevados son los de sujetos que presentan exceso de peso. Los obesos pasan 7 horas al día en el 5.6% de los casos, seguidos de los sobrepeso (5.2%). En 6 horas los mayores registros son los de los sobrepeso (2.4%) y en 5 horas los obesos (4.9%). Con 0 horas diarias destacan los obesos (18.5%) y con media y 1 hora los normopeso (13.5 y 21%, respectivamente) (Figura 5).

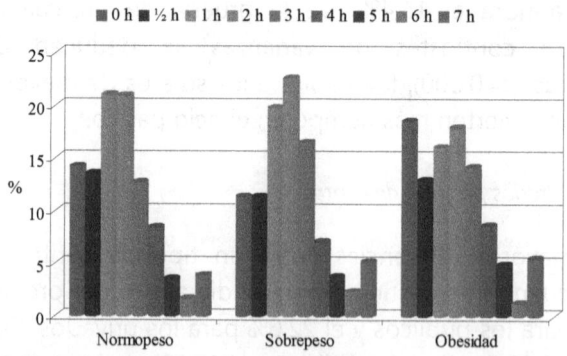

Figura 5. Resultados porcentuales de uso del ordenador al día entre semana. Clasificación por IMC [normopeso (n=1.916), sobrepeso (n=212) y obesidad (n=162)].

1.2.2.6. Resultados por morfotipo

Según las respuestas de los adolescentes, en los tramos de más dedicación al ordenador los endomorfos invierten 5 horas (4.4%) en mayor medida que el resto de grupos, e igual sucede con 7 horas diarias (4.6%). Con 3 horas el morfotipo más numeroso sigue siendo los endomorfos con el 13.9%. Con 1 hora resaltan los ectomorfos (21.9%) y con 0 horas los endomorfos (15.9%).

1.2.2.7. Resultados por nivel de actividad física

Del total de la muestra, en la franja de tiempo de mayor dedicación al ordenador el grupo de los inactivos adquiere más importancia, así con 4 horas al día suponen el 9%, con 6 el 1.8% y con 7 el 4.5%. En cambio, con media hora diaria los activos se incrementan hasta el 14.9% y con 1 hora ascienden hasta el 21.3% (Figura 6).

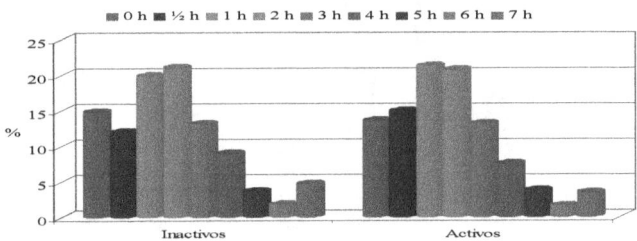

Figura 6. Resultados porcentuales de uso del ordenador al día entre semana. Clasificación por nivel de AF [inactivos (n=1.256) y activos (n=1.034)].

1.2.2.8. Resultados por nivel de salud

Se puede apreciar en el gráfico como a partir de las 3 horas de uso del ordenador al día, los mayores registros coinciden con los sujetos de salud más pobre, resaltan las 5 horas con el 5% en comparación con el 3.5% de los de salud más positiva, el 2.4% en las 6 horas y el 4.5% en 7 horas. En el lado opuesto aparecen los más saludables, tanto los de media hora (21.4%), como los de 1 hora (13.9%), en ambas son superiores los datos a los menos saludables.

1.3. Grado de sedentarismo adolescente en función del número de horas invertidas en hacer los deberes durante los días escolares

1.3.1. Resultados generales

La opinión del alumnado en referencia al uso del ordenador ofrece una media de respuestas de 3.90 y una desviación típica de 1.60. Porcentualmente, el valor máximo (21.8%) corresponde a 2 horas de ordenador y el mínimo (1.4%) es compartido por los que destinan 6 y 7 horas diarias (Figura 7).

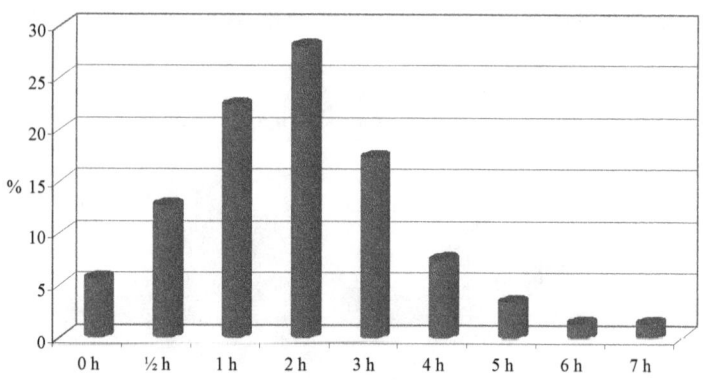

Figura 7. Resultados porcentuales generales haciendo deberes al día entre semana.

1.3.2. Opinión de los escolares en función de los factores más importantes

A continuación se presentan los resultados obtenidos a partir del análisis de frecuencias mediante Tablas de contingencia: Género, edad, tipo de centro, población, índice de masa corporal, morfotipo, nivel de actividad física, y nivel de salud.

1.3.2.1. Resultados por género

Los sujetos que no destinan al día nada de tiempo en hacer los deberes son el 8% en los varones y el 3.4% en las mujeres, con 1 hora diaria el 25.3 y el 19.6% respectivamente. Con 3 horas el 13.8% de los chicos por el 20.9% de las chicas y el 3.3 y 3.6% para 5 horas diarias. El mayor nivel de dedicación a las tareas escolares corresponde a los varones con el 1.3% por el 1.4% del sexo femenino. La prueba de Chi-cuadrado para el estudio de contraste de varianzas determinó diferencias significativas ($p=0.000$) favorables a las mujeres, en lo que al tiempo invertido en hacer deberes de clase se refiere.

1.3.2.2. Resultados por edad

Entre los escolares estudiados, a medida que aumenta la edad se reduce el tiempo destinado a los deberes, encontrándose diferencias estadísticamente significativas ($p=0.000$), mediante la prueba de Chi-cuadrado para estudio de contraste de varianzas, favorables a los sujetos de menor edad. Así, los alumnos de 13 años obtienen porcentajes más elevados a partir de las 3 horas diarias de tareas escolares. Los datos revelan que el 18.8% de los sujetos de 13 años invierten 3 horas, el 9.3% 4 horas, el 4.3% 5 horas, el 2.1% 6 horas y el 1.6% 7 horas, este último compartido con los alumnos de 14 años. El mayor porcentaje de los que no dedican nada de tiempo a los deberes es el 9.5%, correspondiente a los individuos de 16 años.

1.3.2.3. Resultados por tipo de centro

Este análisis descriptivo se realizó mediante tablas de contingencia utilizando como prueba de contraste de varianzas el test de Chi-cuadrado, manifestando diferencias significativas ($p=0.001$) favorables a los sujetos de centros privados. Entre los sujetos que no dedican nada de tiempo a las actividades escolares destacan con el 7% los alumnos de centros públicos, cuando se emplea media hora el mayor registro es el de los privados (13.5%). Entre las 3 y las 5 horas diarias resaltan los privados con el 19.2% en 3 horas, el 8.3% en 4 y el 3.6% en 5. En los mayores tramos de dedicación no hay diferencias entre el alumnado de centros públicos y privados, con valores en torno al 1.5% para las 6 y 7 horas diarias.

1.3.2.4. Resultados por población

La realización de ejercicios de clase dispara sus proporciones entre los sujetos provenientes de contextos urbanos a partir de las 3 horas diarias, las cifras son del 18.6% con 3 horas, del 8.6% con 4, del 3.8% con 5 y del 1.4% con 6 y 7 horas. En cambio, con 1 y 2 horas dominan los rurales con el 28.6 y 30% respectivamente. Tras la aplicación de la prueba de contraste de varianzas de Chi-cuadrado se evidencian diferencias significativas ($p=0.001$) tendentes a los adolescentes de localidades urbanas.

1.3.2.5. Resultados por índice de masa corporal

De entre toda la muestra analizada, los sujetos que no destinan nada de tiempo a hacer los deberes, en proporciones más elevadas, son los obesos (9.3%), seguidos del normopeso (5.6%) y el sobrepeso (3.3%). Con 1 hora al día de tareas corresponden los mayores niveles al normopeso (22.8%), 3 y 4 horas al sobrepeso (18.4 y 4.7%), al igual que cuando pasan 5 y 7 horas (4.7 y 2.8%) (Figura 8).

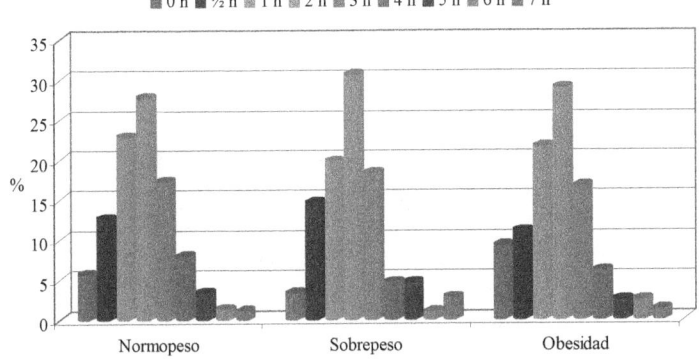

Figura 8. Resultados porcentuales haciendo deberes al día entre semana. Clasificación por IMC [normopeso (n=1.916), sobrepeso (n=212) y obesidad (n=162)].

1.3.2.6. Resultados por morfotipo

Con 1 hora de dedicación a la labores de clase se encuentran el 13.9% de los mesomorfos, con 3 horas el grupo más numeroso es el de los ectomorfos (19.7%), con 5 horas al día el de los mesomorfos (3.7%) y 7 horas diarias tan sólo el 1.9% correspondiente a los endomorfos.

1.3.2.7. Resultados por nivel de actividad física

Los sujetos que pasan más tiempo sin hacer nada de deberes son los inactivos (6.3%), en el lado contrario aparecen a los activos que destinan 3 horas el 18.2% por el 16.6% de los inactivos, con 5 horas el 4.1% en comparación al 2.9% de los sedentarios. En cambio, en las 7 horas diarias de deberes los más representados son los inactivos (1.5%) (Figura 9).

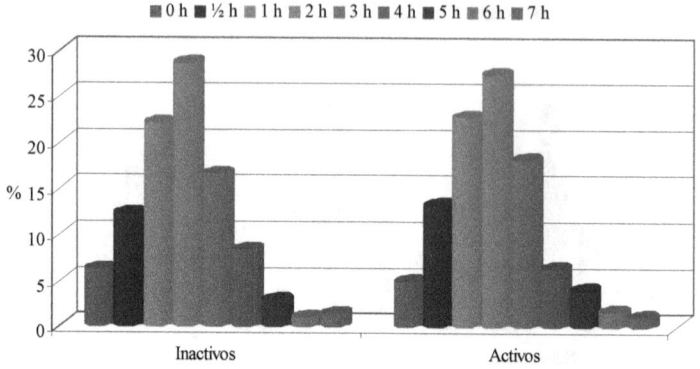

Figura 9. Resultados porcentuales haciendo deberes al día entre semana. Clasificación por nivel de AF [inactivos (n=1.256) y activos (n=1.034)].

1.3.2.8. Resultados por nivel de salud

El nivel de salud y el tiempo destinando a la realización de deberes determina que los que no pasan nada de tiempo en esta tarea son el 6.1% de los de salud pobre/razonable por el 5.6% de los de buena/excelente. Las cifras alcanzan el 22.6 y el 22.4% para 1 hora diaria, el 15.3 y el 17.7% para 3 horas, el 2.9 y 3.6% en 5 horas, y el 1.8 y 1.3% en 7 horas diarias, para los de salud pobre/razonable y buena/excelente, respectivamente.

1.4. Grado de sedentarismo en función del número de horas ante la televisión durante el fin de semana

1.4.1. Resultados generales

La opinión del alumnado en referencia al visionado de la TV durante el fin de semana ofrece una media de respuestas de 4.69 y una desviación típica de 1.93. Porcentualmente, el valor máximo (19.8%) corresponde al alumnado que pasa 3 horas al día viendo la TV y el valor mínimo (4.1%) cuando destinan 7 horas (Figura 10).

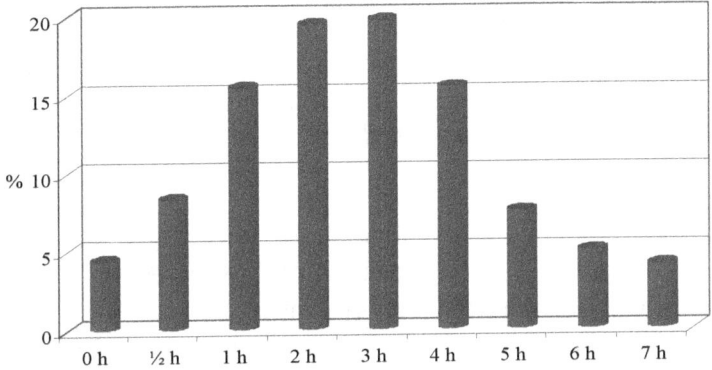

Figura 10. Resultados porcentuales generales de visionado de la TV al día en el fin de semana.

1.4.2. Opinión de los adolescentes en función de los factores más importantes

A continuación se presentan los resultados obtenidos a partir del análisis de frecuencias mediante Tablas de contingencia: Género, edad, tipo de centro, población, índice de masa corporal, morfotipo, nivel de actividad física, y nivel de salud.

1.4.2.1. Resultados por género

Tras la diferenciación de las respuestas de los escolares según el sexo, se extraen como conclusiones que el 4.6% de las chicas no pasa nada de tiempo al día durante el fin de semana viendo la TV, por el 4.3% de los chicos. Siguiendo esta secuencia, cuando se destina 1 hora diaria los porcentajes son del 15.6 y 15.4% respectivamente, del 18.6 y 21.1% con 3 horas diarias, del 6.8 y 8.4% con 5 horas y del 4 y 4.3% si se emplean 7 horas al día.

1.4.2.2. Resultados por edad

De toda la muestra los que dicen no pasar nada de tiempo al día viendo la TV son en mayores proporciones los sujetos de 16 años (6.2%), al igual que los que sostienen dedicar 1 hora (17.9%).

Con 3 horas el registro superior corresponde a los más mayores (20.4%) y el inferior a los chicos de 15 años (19%). Cuando se emplean 5 horas aparecen los adolescentes de 14 años con el 9.1%, en un nivel superior al resto, como sucede con 7 horas de dedicación donde la cota asciende hasta el 4.5%.

1.4.2.3. Resultados por tipo de centro

En base al tipo de centro no se aprecian diferencias destacables, así entre los sujetos de centros públicos el 4.3% dice no pasar nada de tiempo al día viendo la TV por el 4.6% de los privados. Con 1 hora al día de visionado de la TV aparece el 15.2% de los públicos por el 15.9% de los privados, con 3 horas los datos son del 20.3 y 19.2% respectivamente, con 5 horas del 8.4 y 6.5%, y con 7 horas de TV diarias se colocan el 4.4% de los adolescentes de centros públicos por el 3.8% de los privados.

1.4.2.4. Resultados por población

De la pregunta que analiza el tiempo empleado en ver la TV al día en el fin de semana se extraen como datos principales que el 4.5% de los sujetos de colegios de zona rurales no la ven nada, por el 4.4% de los urbanos. Con 1 hora al día aparecen el 15.2% de los rurales por el 15.7% de los públicos, con 3 horas el 20.1 y el 19.7%. Cuando los sujetos destinan más tiempo a esta actividad sedentaria, durante 5 horas, los datos mantienen la misma tendencia, siendo los sujetos urbanos los que adquieren mayor volumen (8.5%) en comparación con los rurales (7.2%). La mayor tasa de inactividad corresponde a los rurales con el 4.9%.

1.4.2.5. Resultados por índice de masa corporal

De todos los sujetos con normopeso el 4.4% afirman no ver nada la TV por el 5.6% de los obesos. La mayor tasa de personas que ven la TV durante 1 hora al día pertenece al grupo de los normopeso con el 16.5%. A medida que se incrementa el ocio pasivo aumenta el porcentaje de sujetos con exceso de peso, así con 3 horas de TV diarias los obesos son los más numerosos (24.1%), manteniendo esta hegemonía con 5 (8.6%) y 7 horas (6.2%) (Figura 11).

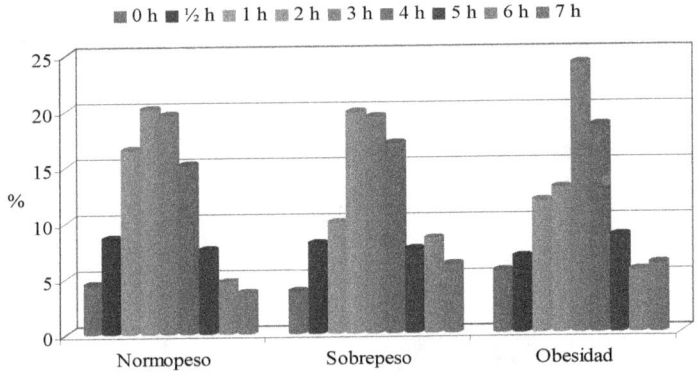

Figura 11. Resultados porcentuales de visionado de la TV al día en el fin de semana. Clasificación por IMC [normopeso (n=1.916), sobrepeso (n=212) y obesidad (n=162)].

1.4.2.6. Resultados por morfotipo

Los datos demuestran que los ectomorfos son los que más tiempo pasan sin ver nada de TV (5.1%), cuando el visionado asciende hasta 1 hora son los mesomorfos los más representados con el 17.2%, por el 12.7% de los endomorfos. Con 3 horas al día aparecen los endomorfos con el 20.9% seguido de los mesomorfos y ectomorfos con el 19.2%. Con 5 horas de TV el mayor dato lo contabilizan los ectomorfos con el 8.8% y a las 7 horas los endomorfos con el 5.4%.

1.4.2.7. Resultados por nivel de actividad física

Los sujetos inactivos presentan porcentajes muy similares a los activos. Los primeros afirman no ver nada la TV en el 4.5% de los casos, por el 4.3% de lo segundos. Con 1 hora al día de TV aparecen el 15.4% de los inactivos por el 15.6% de los activos, con 3 horas el

20.7% de los activos, por el 18.8% de los inactivos. Al incrementarse el tiempo hasta las 5 horas se produce un vuelco en los porcentajes, dominando ahora los inactivos (8.6%). Finalmente, con 7 horas está el 4.1% de los sedentarios por el 4.3% de los activos (Figura 12).

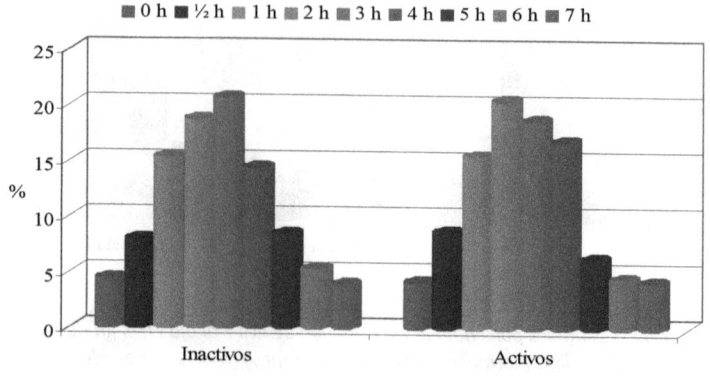

Figura 12. Resultados porcentuales de visionado de la TV al día en el fin de semana. Clasificación por nivel de AF [inactivos (n=1.256) y activos (n=1.034)].

1.4.2.8. Resultados por nivel de salud

De la totalidad de los sujetos de salud pobre el 4.5% no ve nada la TV. Dentro del colectivo que destina a este hábito 1 hora diaria, el 14.7% son de salud pobre/razonable por el 15.7% de buena/excelente. De los que dedican 3 horas están el 22.9 y el 19.2% en sendos grupos, con 5 horas el 6.8 y el 7.7% y los que más ven la TV son los que pasan 7 horas al día, con cifras del 5% en los de salud más deteriorada por el 4% de los saludables.

1.5. Grado de sedentarismo adolescente en función del número de horas ante el ordenador durante el fin de semana

1.5.1. Resultados generales

La opinión del alumnado en referencia al uso del ordenador durante el fin de semana ofrece una media de respuestas de 4.36 y una desviación típica de 2.26. Porcentualmente, el valor máximo (17.6%) corresponde a los sujetos que pasan 2 horas al día con el ordenador y el menor valor (3.7%) cuando invierten 6 horas (Figura 13).

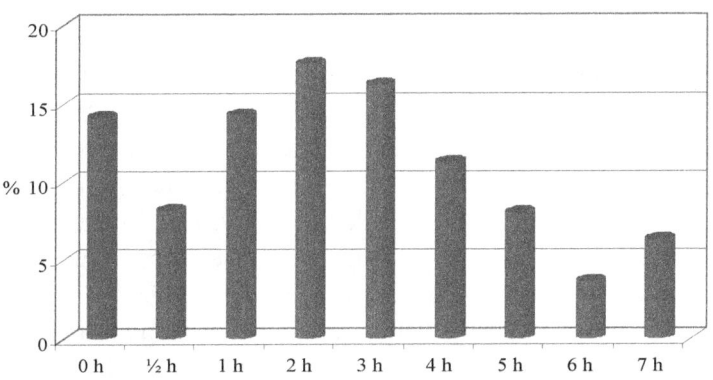

Figura 13. Resultados porcentuales generales de uso del ordenador al día en el fin de semana.

1.5.2. Opinión de los adolescentes en función de los factores más importantes

A continuación se presentan los resultados obtenidos a partir del análisis de frecuencias mediante Tablas de contingencia: Género, edad, tipo de centro, población, índice de masa corporal, morfotipo, nivel de actividad física, y nivel de salud.

1.5.2.1. Resultados por género

Las horas de uso del ordenador al día durante el fin de semana no varían con el género. De hecho, los varones dicen no usar nada el ordenador en el 13.8% de los casos por el 14.5% de las mujeres. Una utilización de 1 hora supone el 14.6% para los chicos por el 14% para las chicas, con 3 horas los porcentajes son del 16.6 y del 15.9%. Al ascender a 5 horas los datos registran niveles del 7.5 y del 8.6%, y en la máxima utilización del ordenador los valores se invierten, con el 6.5% para las chicas por el 6.2% de los varones.

1.5.2.2. Resultados por edad

Las mayores diferencias en el uso del ordenador al día durante el fin de semana se aprecian entre los que opinan no destinar a esta labor nada de tiempo, con el 17.4% a los 13 años, el 10.8% a los 14, el 14.3% a los 15 y el 12.3% a los 16 años. También existe entre el grupo que usa el ordenador 1 hora diferencias más evidentes entre los sujetos de 13 años (17.5%) y los de 15 (10.7%). Similares son los contrastes entre los que se emplean con el ordenador 4 horas, sobre todo entre los de 13 (8%) y 15 años (13.8%). Este análisis descriptivo, se realizó mediante Tablas de contingencia utilizando como prueba de contraste de varianzas el test de Chi-cuadrado, manifestó diferencias significativas (p=0.001) favorables a los sujetos de mayor edad, puesto son los que destinan más tiempo al ordenador.

1.5.2.3. Resultados por tipo de centro

El alumnado de centros públicos (17.6%) sostiene no usar nada el ordenador en mayor número que los centros privados (9.7%). Con 1 hora de dedicación al día se encuentra el 14.6% de los públicos por el 14% de los privados, con 3 horas el 16.2 y el 16.3%. Cuando la práctica se incrementa hasta 5 horas los públicos registran el 7.3% y los privados el 9.1% y con 7 horas los datos son del 6.1 y 6.7% respectivamente. Las diferencias significativas (*p*=0.001), mediante la prueba de contraste de varianzas Chi-cuadrado, son favorables a los sujetos de colegios públicos, los cuales usan menos el ordenador.

1.5.2.4. Resultados por población

De la totalidad de las respuestas, la prueba de contraste de varianzas Chi-cuadrado resaltó diferencias significativas (*p*=0.001) favorables a los sujetos de zonas rurales. En concreto, la mayor diferencia entre el uso de ordenador aparece cuando los sujetos dicen no utilizarlo nunca, ahí los rurales ascienden hasta el 21% y los urbanos se quedan en el 11.2%. El resto de porcentajes son más equilibrados, con 1 hora al día está el 15.2% de los rurales y el 14% de los urbanos, en 3 horas diarias el 16.8 y el 16%. Con 5 horas el 7.2 y el 8.5%, y con 7 horas diarias el 5.1 y el 7%.

1.5.2.5. Resultados por índice de masa corporal

Los escolares que afirman no dedicar nada de tiempo al uso del ordenador alcanzan el 13.9% para el normopeso, el 12.7% para el sobrepeso y el 19.9% para los obesos. De los sujetos que pasan 1 hora al día con el ordenador el mayor registro es el de los normopeso (14.6%). En cambio, para 3 horas la tasa superior corresponde al sobrepeso (17%). La diferencia se incrementa en las 5 horas diarias con el 11.8% de los obesos y el 7.7% de los normopeso. Siendo los datos casi idénticos en las 7 horas, yendo desde el 6.2% de los obesos hasta el 7.1% del sobrepeso (Figura 14).

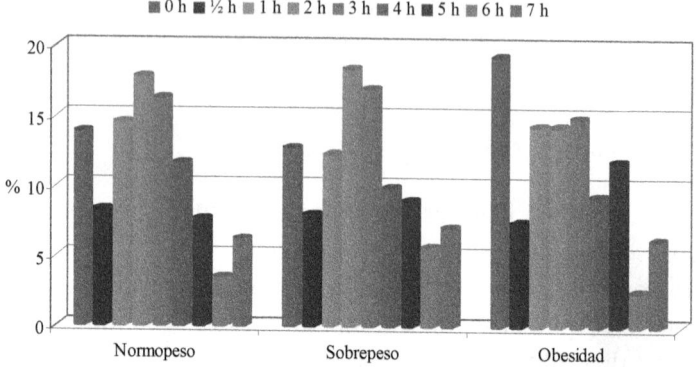

Figura 14. *Resultados porcentuales de uso del ordenador al día en el fin de semana. Clasificación por IMC [normopeso (n=1.916), sobrepeso (n=212) y obesidad (n=162)].*

1.5.2.6. Resultados por morfotipo

En cuanto al morfotipo los datos son bastante parejos. Por ejemplo, con 0 horas de práctica de ordenador está el 15.4% de los endomorfos, el 12.8% de los mesomorfos y el 13.9% de los ectomorfos. Con 1 hora el mayor porcentaje se relaciona con los mesomorfos (15.1%), al igual que en 3 horas (17%). Para las 5 y 7 horas las cantidades son mayores en los ectomorfos con el 8.8 y el 8% respectivamente.

1.5.2.7. Resultados por nivel de actividad física

El colectivo de sujetos inactivos asciende hasta el 14% cuando el uso de ordenador es inexistente, por el 14.3% de los activos. Si destinan 1 hora al día las cifras son del 13.9 y 14.9% en sendos grupos, con 3 horas del 15.6 y 17%. En las 5 horas cambian las tornas, y pasan a dominar porcentualmente los activos con el 8.9% por el 7.4% de los inactivos. Y en las 7 horas vuelven a cobrar mínima ventaja los sedentarios con el 7.6% en detrimento del 4.9% de los activos (Figura 15).

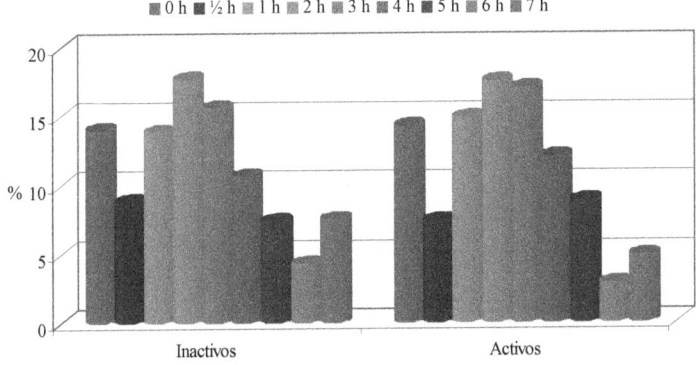

Figura 15. Resultados porcentuales de uso del ordenador al día en el fin de semana. Clasificación por nivel de AF [inactivos (n=1.256) y activos (n=1.034)].

1.5.2.8. Resultados por nivel de salud

De todos los escolares encuestados, el 15.3% de los sujetos con salud pobre no usa nunca el ordenador, por el 13.9% de los más saludables. De los que dicen utilizarlo 1 hora el 15% corresponde al primer grupo y el 14.2% al segundo. Con 3 horas diarias aparece el 15.3 y el 16.4%. En los mayores tramos de práctica con el ordenador, con 5 horas está el 7.9% de los que tienen una salud más mermada por el 8.1% de los más favorecidos, y con 7 horas el mayor registro lo contabiliza el 7.4% de los sujetos que corresponde a los de salud pobre/razonable.

1.6. Grado de sedentarismo adolescente en función del número de horas invertidas en hacer los deberes durante el fin de semana

1.6.1. Resultados generales

La opinión del alumnado en referencia al tiempo invertido en hacer los deberes ofrece una media de respuestas de 3.43 y una desviación típica de 1.67. Porcentualmente, el valor máximo (24.6%)

corresponde a los que pasan 1 hora diaria haciendo deberes y el mínimo (1%) a los que destinan entre 6 y 7 horas (Figura 16).

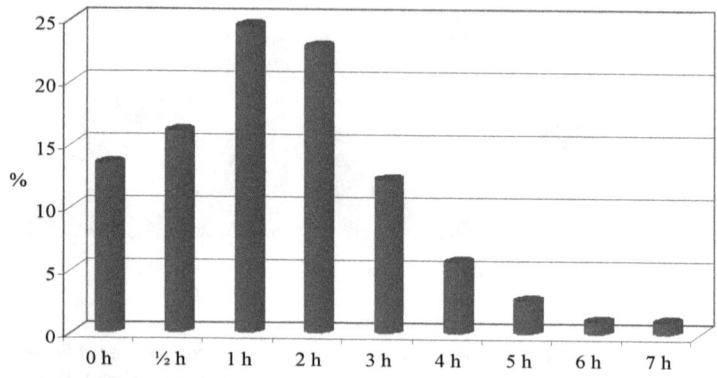

Figura 16. Resultados porcentuales generales haciendo deberes al día en el fin de semana.

1.6.2. Opinión de los adolescentes en función de los factores más importantes

A continuación se presentan los resultados obtenidos a partir del análisis de frecuencias mediante Tablas de contingencia: Género, edad, tipo de centro, población, índice de masa corporal, morfotipo, nivel de actividad física, y nivel de salud.

1.6.2.1. Resultados por género

Las respuestas de los sujetos determinan que el 16.5% de los hombres no hacen nada de deberes por el 10.6% de las mujeres, estableciendo diferencias significativas ($p=0.001$), mediante la prueba de contraste de varianzas Chi-cuadrado, favorables a las chicas. De los que hacen 1 hora al día, en los chicos son el 17.4% y en las chicas el 15%, de los que destinan 3 horas los porcentajes son del 8.9 y 15.6%. En las 5 horas están el 2.2% para el sexo masculino y el 3.2% para el femenino y en 7 horas las cifras hablan del 1.1 y del 0.9% respectivamente.

1.6.2.2. Resultados por edad

Con 0 horas de dedicación a las tareas escolares aparecen el 19% de los sujetos de 16 años, como el grupo más numeroso. Con 1 hora también se mantiene este predominio con el 20.4%. Por su parte con 3 horas los más aplicados son los de 13 años (14.2%), con 5 horas los de 15 (3.2%) y la mayor dedicación corresponde a los que destinan 7 horas al día con el 1.7%, en el caso de los más jóvenes. Las diferencias significativas ($p=0.000$), registradas mediante la prueba de contraste de varianzas Chi-cuadrado, aparecen favorables a los sujetos de 13 años, siendo el grupo que destina más tiempo a los deberes.

1.6.2.3. Resultados por tipo de centro

De todos los alumnos de centros públicos el 15.2% no hace nunca deberes por el 11.4% de los privados. De los que destinan 1 hora los porcentajes son del 25.2 y 23.8%. Con 3 horas están el 11.2 y el 13.7%, aumentando el tiempo hasta las 5 horas se contabilizan datos del 2.6 y del 2.9%. Reducida a la mínima expresión queda el 0.4 y el 1.7% de los que pasan 7 horas al día haciendo deberes. Una vez aplicada la prueba de contraste de varianzas Chi-cuadrado se reflejan diferencias significativas ($p=0.000$) favorables a los sujetos de centros privados, que son los que pasan más horas al día haciendo los deberes.

1.6.2.4. Resultados por población

Analizando los datos se observa homogeneidad. Así, cabe destacar que de los sujetos de poblaciones rurales el 14.6% no destinan nada de tiempo a los deberes por el 13.1% de los urbanos, de los que reservan 1 hora las cifras son del 27.6 y 23.3%. Con 3 horas diarias aparecen el 10.8 y 12.9%, y con 5 horas el 1.9 y el 3.1%. En las cotas más elevadas de esfuerzo con las tareas escolares están el 0.3% de los rurales y el 1.3% de los urbanos.

1.6.2.5. Resultados por índice de masa corporal

Los sujetos con sobrepeso son los que en mayor medida (14.6%) no hacen nunca nada de deberes. Con 1 hora de tareas escolares al día están, por encima del resto, los obesos (26.1%). Teniendo en cuenta 3 horas de trabajo los más representados son los normopeso (12.7%), al igual que con 5 horas (2.9%). En cambio, los que emplean más tiempo en menesteres académicos, durante 7 horas, son los obesos (2.5%) (Figura 17).

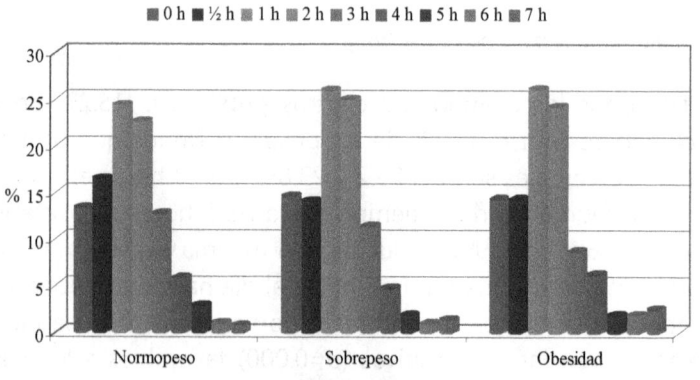

Figura 17. Resultados porcentuales haciendo deberes al día en el fin de semana. Clasificación por IMC [normopeso (n=1.916), sobrepeso (n=212) y obesidad (n=162)].

1.6.2.6. Resultados por morfotipo

Los porcentajes entre los tres tipos de morfotipo, en función de la realización de más o menos tareas escolares, son prácticamente idénticos. De los que dicen no hacer nada de deberes en los endomorfos suponen el 14%, en los mesomorfos el 14.3% y en los ectomorfos el 11.7%. De los que reservan 1 hora diaria a esta actividad el mayor número es para los endomorfos con el 25.5% de los casos, con 3 horas la representación más elevada cae del lado de los ectomorfos con el 15.2%, al igual que en 5 horas (3.7%). Los que dedican 7 horas son en mayor medida los endomorfos con el 1.5%.

1.6.2.7. Resultados por nivel de actividad física

Del total de sujetos inactivos el 14.3% dice no hacer nada de tareas escolares por el 12.6% de los activos. De los que dedican 1 hora están el 24.9 y el 24.3%. Con 3 horas el 12.7 y el 11.7% de total de cada grupo, con 5 horas el 2.5 y el 2.9%. Para terminar, los que pasan 7 horas diarias ascienden al 1.1% para los sedentarios y al 0.8% para los activos (Figura 18).

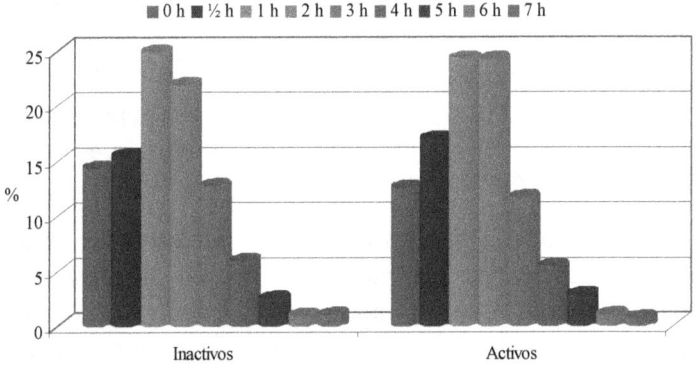

Figura 18. Resultados porcentuales haciendo deberes al día en el fin de semana. Clasificación por nivel de AF [inactivos (n=1.256) y activos (n=1.034)].

1.6.2.8. Resultados por nivel de salud

Las mayores diferencias porcentuales se localizan entre el grupo de personas que afirman no hacer nada de deberes al día. De entre ellos, los que tienen salud pobre son el 16.6% y con buena/excelente el 12.9%. Entre los que hacen durante 1 hora los datos hablan del 15.5 y del 24.4% en ambos casos, con 3 horas aparecen el 11.3 y el 12.5%. En las 5 horas los datos son más reducidos con el 2.1 y el 2.8% similares a los obtenidos con 7 horas (0.5 y 1%).

2. ANÁLISIS DE LAS CONDUCTAS SEDENTARIAS EN LA ADOLESCENCIA DESDE DIFERENTES PERSPECTIVAS

En un estudio llevado a cabo por Román, Serra, Ribas, Pérez y Aranceta (2008) se concluye que el 52% de la población española está físicamente inactiva durante más de 2 horas diarias, siendo el porcentaje mayor en los hombres (56.3%). En nuestro estudio, la opinión del alumnado en referencia al visionado de la TV ofrece una media de respuestas de 4.31 horas diarias y una desviación típica de 1.67. Porcentualmente, el valor máximo (28.3%) corresponde a los sujetos que destinan 2 horas al día a ver la TV y el mínimo (1.5%) a los que invierten 6 horas. El uso del ordenador ofrece una media de respuestas de 3.79 horas diarias y una desviación típica de 2.02. El valor máximo (20.8%) corresponde a los sujetos que invierten 2 horas y el mínimo (1.7%) a los que destinan 6 horas.

Está comprobado que los niños y los adolescentes pasan más tiempo en actividades sedentarias, como ver la televisión, que haciendo deporte. Esta es una evidencia preocupante dada la elevada relación entre el sedentarismo y el consumo energético.

La Academia Americana de Pediatría (2001) recomienda que el tiempo destinado a ver la televisión no supere las 2 horas diarias. A pesar de esto, en los países desarrollados el consumo de televisión se ha convertido, después de dormir, en la primera actividad de la vida de los niños. En el contexto español, un estudio sobre la presencia de la televisión en los hogares, se determinó que todos los adolescentes cántabros tenían televisión en sus hogares, y el 24% de las familias 4 o más televisores (Bercedo y cols., 2005). Buena parte de ellos tiene televisión en su habitación, en cifras ligeramente inferiores a los americanos (Martín Mantillas, 2007).

2.1. Hábitos sedentarios en función del sexo

Los datos del estudio enKid español reflejan que el 38% mujeres pasan más tiempo que los hombres en algunas actividades sedentarias, tales como estudiar o hacer las tareas, escuchar música o leyendo. En base a nuestro estudio, los niveles de menor dedicación al visionado de la televisión son los varones los que obtienen los mayores porcentajes, así el 11.1% destina media hora, el 22.8% 1 hora y el 28.9% 2 horas. Entre las 3 y las 6 horas diarias es cuando las mujeres cobran mayor protagonismo, con porcentajes superiores al de los varones. Este análisis descriptivo se realizó mediante Tablas de contingencia utilizando como prueba de contraste de varianzas el test de Chi-cuadrado, manifestando diferencias significativas ($p=0.016$) favorables a los varones, puesto que tienen conductas menos sedentarias. En cambio, no se han detectado diferencias significativas en el uso del ordenador entre semana. Por su parte, si se analiza el tiempo invertido en hacer los deberes entre semana, se puede apreciar como las chicas son más estudiosas, pues dedican a esta actividad más tiempo que los varones, registrándose diferencias significativas ($p=0.000$) favorables a las mujeres.

Las mujeres son menos competitivas que los hombres y su participación en los deportes puede reflejar distintos objetivos. De hecho, el tipo de deportes que los hombres y las mujeres tienden a practicar es muy diferente. Los hombres por lo general practican deportes como el fútbol, baloncesto y otros deportes competitivos, mientras que las mujeres optan por el aeróbic, baile y distintas actividades similares (Román, Serra, Ribas, Pérez y Aranceta, 2008).

En esta misma línea argumental, los datos del estudio de Montil, Barriopedro y Oliván (2005) determinan que los chicos invierten 122.68 minutos mientras que las chicas 93.66 minutos diarios. Estos datos son similares a los obtenidos por Riddoch y cols. (2004) en diferentes países europeos que muestran tiempos de 110 minutos paras los varones y de 80 minutos para las mujeres de 15 años de edad. Existe relación entre el aumento de la edad y el descenso de la práctica de AF (Sallis y cols., 2000), circunstancia que se constata también en el estudio de Montil, Barriopedro y Oliván (2005) en el cual a los 11 años de edad es cuando se produce el mayor descenso en la práctica de AF. Para Guerra y cols. (2003) en un estudio aplicado con adolescentes portugueses de 9 a 11 años encontraron tiempos de práctica de 150 minutos al día para los chicos y de 115 para las chicas. En el mismo país, y con sujetos de 8 a 15 años, Mota y cols. (2003) estimaron que el tiempo invertido por las niñas en la práctica físico-deportiva era de 90 minutos y de 130 para los niños. Estos datos coinciden con los nuestros, ya que cuando se analiza el uso del ordenador en función de la edad se determina que entre las 2 y 4 horas diarias de dedicación se localizan los mayores registros entre los sujetos de 16 años (con el 24.1% para 2 horas, el 13.7% para 3 y el 12.6% para 4), siendo también superior en las 6 horas (3.4%). Los que destinan menos tiempo son los de 13 años, de hecho con 0 horas están el 18.7% y con media hora el 15.4%. De la prueba de Chi-cuadrado para estudio de contrastes de varianzas se deducen diferencias significativas ($p=0.000$), favorables a los sujetos de mayor edad que son los que invierten más tiempo en el ocio pasivo.

En Francia se llevó a cabo un estudio por Gavarry y cols. (2003) donde también se encuentran niveles de práctica de AF superiores en los varones, al igual que sucede con Riddoch y cols. (2004) en una investigación en el Reino Unido. Estas diferencias por sexo se podrían deber a falta de refuerzo social hacia la AF en las chicas y a una mayor dependencia de ellas hacia las tareas familiares (Vázquez, 1993). En líneas generales, en nuestro estudio los chicos siempre presentan niveles de sedentarismo más elevados que las mujeres, ya sea en el visionado de la televisión, uso del ordenar, así como tiempo invertido en hacer los deberes, tanto entre semana como durante el fin de semana.

De la recomendación de 7 días-60 minutos sólo el 20% de la muestra cumple con esta premisa. Por género, el 13% de las chicas la siguen por el 29.9 de los chicos. Cuando se tiene en cuenta 7 días-30 minutos el seguimiento es del 46.4% del total, y del 49.5% para los chicos y 43.3% para las chicas. Y ante la recomendación de 5 días-30 minutos las cifras se elevan hasta el 79.1% de la muestra, por el 80.8% en los niños y el 77.5% en las niñas (Montil, Barriopedro y Oliván, 2005).

Teniendo en cuenta las recomendaciones de práctica de AF (al menos 1 hora diaria casi todos los días de la semana), en el estudio de Román, Serra, Ribas, Pérez y Aranceta (2006) se consideró que una persona era físicamente activa cuando practicaba más de 2 días a la semana. Aun así, los datos revelan que el 70% de los adolescentes son inactivos. Estos datos son similares a otros realizados en España. En los resultados de este estudio tan sólo el 52% de los chicos españoles de entre 14 y 17 años son considerados activos. Respecto a las chicas la tendencia es parecida a los 13 años. En comparación a otros países, las españolas son activas el 29% de los casos, en Irlanda del Norte el 83%, en Portugal el 62% y en Lituania el 41%.

Otros estudios anteriores coinciden con estos datos, Lasheras y cols. (2001) encuentran que menos del 30% de los niños españoles son activos en su tiempo libre, en una población de edades comprendidas entre los 6 a 15 años. Por comunidades autónomas, Madrid muestra una situación mejorada con respecto a las últimas mediciones, pero tan sólo el 44% es activo. En Aragón el tiempo invertido en ver la televisión es superior al destinado al ejercicio, de hecho, más del 70% de las chicas no hace nada de ejercicio al día, por el 50% de los varones. En lo que se refiere a las capacidad aeróbica o la fuerza los españoles tienen menor nivel que los europeos (Román, Serra, Ribas, Pérez y Aranceta, 2006).

Martín Mantillas (2007) obtiene que el 42.9% de los adolescentes dedica entre 1 y 3 horas diarias a ver la televisión, el 8.6% entre 3 y 4, y un 3.8% dedica más de 4 horas; por tanto, más de la mitad de los sujetos (55.3%) adopta conductas sedentarias. En el caso de los adolescentes griegos, el 25.6% dedica más de 4 horas diarias (Yannakoulia y cols., 2004). Los adolescentes suizos tienen en una media de 2 horas, los españoles de 2.7 horas y los ucranianos 3.7 horas, según un estudio a nivel europeo (Vereecken y cols., 2006). En Estados Unidos la media es de entre 1.8 y 2.8 horas diarias, y un 28% dedica más de 4 horas (Marshall y cols., 2006). No se han encontrado diferencias significativas en función del género. En nuestro estudio los datos reflejan que el visionado de la TV durante el fin de semana ofrece una media de respuestas de 4.69 y la desviación típica de 1.93. Porcentualmente, el valor máximo (19.8%) corresponde al alumnado que pasa 3 horas al día viendo la TV y el valor mínimo (4.1%) cuando destinan 7 horas.

En el estudio realizado por Serra Puyal (2008) en adolescentes de la provincia de Huesca se obtuvo que tanto los chicos como las chicas consumen casi 1.45 horas de televisión. Si contamos también el tiempo dedicado al uso del ordenador los chicos superan las 2.5 horas, y las chicas las 2 horas. Estos datos están en consonancia con los recogidos por Tercedor (2001) y Moreno y cols. (2005) en un estudio sobre adolescentes españoles de entre 11 y 17 años. Por su parte, Samdal y cols. (2007) y Román y cols. (2006) en un estudio a nivel nacional estimaron que los chicos pasan una media de 3.4 horas y las chicas 3.2 horas, algo ligeramente inferior a lo registrado por Cordente (2006). Te Velde y cols. (2007) determinaron la tasa de consumo de televisión para nueve países europeos en 2.5 horas al día, y una hora y media para el uso del ordenador.

Según Martín Martillas (2007), al uso del ordenador, para actividades extra-académicas, aparece que el 20% dedica más de 1 hora al día entre semana, los chicos con un porcentaje de 27.9% y las chicas con un 7.9%. En ambos agrupamientos el tiempo de dedicación es menor conforme aumenta la edad. En el fin de semana su uso se incrementa, en cierto modo por el mayor tiempo disponible y porque los padres se vuelven más permisivos. Ante tal panorama, aconsejan reducir este tiempo a menos de 1 hora diaria.

Otro aspecto controlado en el estudio anterior fue el tiempo invertido en hacer los deberes, obteniéndose que el 52.3% emplea entre 1 y 3 horas diarias. Cuando mayor es el tiempo destinado a hacer deberes o estudiar el porcentaje de chicas es superior al de los chicos. El en caso de las 3-4 horas de dedicación se dan porcentajes de 9.3% en hombres y del 21.9% en mujeres. Conforme aumenta la edad se incrementa el tiempo destinado a esta tarea, del mismo modo ocurre con el estatus social de pertenencia. En Europa la media de los adolescentes es de 2.6 horas al día para los chicos, y entre 2.25 y 2.58 para las chicas. Esto se ve confirmado con nuestros resultados, si analizamos el sedentarismo derivado de los deberes de clase. En los fines de semana, las respuestas de los sujetos determinan que el 16.5% de los hombres no hacen nada de deberes por el 10.6% de las mujeres, estableciendo diferencias significativas ($p=0.001$), mediante la prueba de contraste de varianzas Chi-cuadrado, favorables a las chicas. De los que hacen 1 hora al día, en los chicos son el 17.4% y de las chicas el 15%, de los que destinan 3 horas los porcentajes son del 8.9 y 15.6%. En las 5 horas están el 2.2% para el sexo masculino y el 3.2% para el femenino, y en 7 horas las cifras hablan del 1.1 y del 0.9%.

Siguiendo con el ámbito académico, Serra Puyal (2008) concluyen que los escolares dedican una media de 1.5 horas, igual que Tercedor (2001) y Hernández Álvarez y Martínez (2007). Esta tasa se reduce hasta 1 hora de dedicación en el estudio de Moreno y cols. (2005). Los escolares se refieren al estudio como una de las mayores barreras para la no realización de AF. A pesar de esta postura, se tiene constancia de estudios que correlacionan positivamente el rendimiento académico con el nivel de AF (Coe y cols., 2006).

2.2. Hábitos sedentarios en función de la edad

La evolución de la AF con la edad refleja una progresión ascendente hasta los 13 años de edad, a partir de este momento se produce un declive notorio en ambos sexos, circunstancia que se ha constatado en estudios de ámbito nacional e internacional. Está contrastado, que el hecho de llevar una vida activa en la primeras edades hace que se prevenga el sedentarismo en la edad adulta, de ahí la importancia de fomentar unos estilos de vida activos, que se mantengan en la adolescencia y que perduren con el paso del tiempo (Román, Serra, Ribas, Pérez y Aranceta, 2006). Entre los escolares estudiados en nuestro estudio, a medida que aumenta la edad se reduce el tiempo destinado a los deberes ($p=0.000$), por tanto, en este apartado se reduciría el ocio pasivo. Sin embargo, durante el fin de semana las mayores diferencias en el uso del ordenador se aprecian entre los que opinan no destinar a esta labor nada de tiempo, con el 17.4% de los de 13 años, el 10.8% de los de 14, el 14.3% de los 15 y el 12.3% de los de 16 años. Similares son los contrastes entre los que se emplean con el ordenador 4 horas, sobre todo entre los de 13 (8%) y 15 años (13.8%). Este análisis descriptivo, que se realizó mediante Tablas de contingencia utilizando como prueba de contraste de varianzas el test de Chi-cuadrado, manifestó diferencias significativas ($p=0.001$) favorables a los sujetos de mayor edad, puesto que son los que destinan más tiempo al uso del ordenador.

Según la edad de los escolares, el 39% de los niños de 6 a 9 años pasan más de 2 horas diarias en actividades sedentarias. Aumentan los niveles de inactividad en cada grupo de edad en hombres y mujeres hasta 14 a 18 años (65% para los hombres y 52% para las mujeres) (Román, Serra, Ribas, Pérez y Aranceta, 2008).

El 46% de los varones y el 26% de las niñas practican algún tipo de deporte al menos 2 días a la semana. Durante el tiempo de ocio en varones, el 37% de la muestra no hizo ningún tipo de ejercicio y el 27% menos de 2 veces a la semana. Refiriéndose a las niñas, los porcentajes fueron 49% y 25%, respectivamente. La proporción de niños físicamente activos disminuyó desde el grupo de edad de 10-13 y en adelante ($p<0.001$) (Román, Serra, Ribas, Pérez y Aranceta, 2008).

A la edad de 10-13 años, el 51% de los varones y el 29% de las mujeres se ejercitan con regularidad, este porcentaje disminuyó hasta el 49% de los hombres ($p<0.05$) y el 27% de las mujeres en el grupo de edad de 14 a 18 años ($p <0.01$) (Román, Serra, Ribas, Pérez y Aranceta, 2008).

Está comprobado como los activos ven ligeramente menos la televisión que los inactivos, parecidos resultados a los hallados por Marshall y cols. (2004) donde la relación entre ver la televisión y la AF es insignificante pero negativa, por lo que a mayor tiempo invertido en su visionado menor es la práctica de AF. Esto vendría avalado por nuestro estudio, donde a tenor de los datos en las franjas de menor dedicación al visionado de la TV es cuando los porcentajes de los activos son más elevados, presentando el 12.9% para media hora, el 20.6% para 1 hora, el 29% para 2 horas. Entre 3 y 7 horas cobran más relevancia los inactivos, con niveles del 20.8% en 3 horas, del 10.5% en 4, del 5% para 5 horas, del 1.8% para 6 horas y del 3.9% para las 7 horas diarias de TV. Por tanto, tras la aplicación de la prueba de Chi-cuadrado para estudio de contraste de varianzas se manifiestan diferencias significativas ($p=0.010$) respecto al sedentarismo tendentes a los adolescentes inactivos.

En cambio, son los activos los que más se entretienen con los videojuegos y el ordenador, etc., tanto en días entre semana como durante el fin de semana. A primera vista estos datos pueden parecer contradictorios, pero coinciden con los encontrados en otros estudios (Biddle y cols., 2004; Jago y cols., 2005) donde los chicos son más activos que las chicas, y además destinan más tiempo al uso de estos métodos de entretenimiento. En la presente investigación, durante el fin de semana, no se han encontrado diferencias significativas según el nivel de AF practicada. Así, el colectivo de sujetos inactivos asciende hasta el 14% cuando el uso de ordenador es inexistente, por el 14.3% de los activos. Si destinan 1 hora al día las cifras son del 13.9 y 14.9% en sendos grupos, con 3 horas del 15.6 y 17%. En las 5 horas cambian las tornas, y pasan a dominar porcentualmente los activos con el 8.9% por el 7.4% de los inactivos. Y en las 7 horas vuelven a cobrar mínima ventaja los sedentarios con el 7.6% en detrimento del 4.9% de los activos.

Del mismo modo, Wagner y cols. (2004) descubrieron como los mayores registros tanto de actividad como de sedentarismo correspondían el sexo masculino. El descenso en el tiempo invertido en ver la televisión se relaciona con un aumento en la práctica físico-deportiva (Motl y cols., 2006), de este modo se hace esencial reducir los hábitos sedentarios en beneficio del control del peso corporal y la adopción de hábitos de vida saludables (Caroli y cols., 2004). En otra línea argumental se encuentran los que defienden, que el ver la televisión y el uso del ordenador no se relaciona con la AF, además los datos derivados de la revisión de Biddle y cols.

(2004) y Marshall y cols. (2006) determinan que la grasa corporal no se correlaciona con las conductas sedentarias, parecido al estudio de Kautiainen y cols. (2005) donde utilizar los videojuegos no se asocia con el exceso de peso.

2.3. Hábitos sedentarios en función del IMC

Taylor y cols. (1999) encontraron que los sujetos con sobrepeso eran más sedentarios que los sujetos con normopeso y las chicas con sobrepeso hacían menos AF. Los resultados encontrados en nuestro estudio confirman que los sujetos con sobrepeso u obesidad, invierten más tiempo en el uso del ordenador, tanto entre semana como durante el fin de semana, pero no se han encontrado diferencias significativas.

Trost y cols. (2003) también encontraron que los chicos eran más activos que las chicas, al mismo tiempo que presentaban mayores niveles de apoyo e importancia percibida por parte de sus padres en comparación con las hijas. En análisis del visionado de la TV, según el IMC, se determina que los obesos copan las cifras más elevadas cuando la dedicación a esta actividad sedentaria es de 3 (24.1%), de 5 (6.2%) y 7 horas diarias (6.2%). Cuando se emplea menos tiempo en el ocio pasivo el grupo más numeroso es el normopeso, con el 10.6% en media hora, el 21% en 1 hora y el 28.6% en 2 horas diarias. Una tendencia similar experimenta esta conducta durante el fin de semana.

2.4. Hábitos sedentarios en función del nivel socioeconómico

El nivel socioeconómico se relaciona con el nivel de inactividad, tanto en hombres como en mujeres. El menor grado de inactividad fue reportado por los hombres con un mayor nivel socioeconómico (47%) que los de menor nivel socioeconómico (59%). La misma tendencia se manifestó en las mujeres (37% vs. 53%), estableciéndose entre ambos sexos diferencias significativas (Román, Serra, Ribas, Pérez y Aranceta, 2008). En base a los datos de nuestro estudio, si tenemos en cuenta el tiempo invertido en hacer los deberes se han manifestando diferencias significativas ($p=0.001$) favorables a los sujetos de centros privados. Entre las 3 y las 5 horas diarias resaltan los privados con el 19.2% en 3 horas, el 8.3% en 4 y el 3.6% en 5. Cuando se analiza el uso del ordenador durante el fin de semana las diferencias significativas ($p=0.001$), mediante la prueba de contraste de varianzas Chi-cuadrado, son favorables a los sujetos de colegios públicos, los cuales usan menos el ordenador.

El nivel educativo de la madre influye en los niveles de inactividad, tanto en hombres como mujeres (61% de los hombres y el 59% de las mujeres, cuya madre tenía bajo los niveles de la enseñanza, durante más de 2 horas diarias está inactivo, frente a 45% de los hombres y el 35% de las mujeres cuyas madres tenían un nivel de estudios), con alto grado de significatividad ($p<0.001$) (Román, Serra, Ribas, Pérez y Aranceta, 2008).

2.5. Hábitos sedentarios en función de la población

El tamaño de la población de residencia evidencia diferencias significativas ($p<0.05$), en relación a la práctica de AF entre las mujeres. El 40% de las mujeres que viven en las grandes ciudades pasan más de 2 horas de actividades sedentarias, por el 51% de las mujeres que viven en ciudades pequeñas (Román, Serra, Ribas, Pérez y Aranceta, 2008). En nuestra investigación, el análisis descriptivo de los datos se realizó mediante Tablas de contingencia, aplicándose también la prueba de Chi-cuadrado para estudio de contraste de varianzas, deduciéndose diferencias significativas ($p=0.022$) favorables a los sujetos de centros urbanos, en lo que respecta al visionado de la televisión entre semana. Igual sucede con el tiempo invertido en hacer los deberes. De la totalidad de las respuestas, de los alumnos sobre el tiempo dedicado al uso del ordenador entre semana, se han apreciado diferencias significativas ($p=0.001$) favorables a los sujetos de zonas rurales. En concreto, la mayor diferencia entre el uso de ordenador aparece cuando los sujetos dicen no utilizarlo nunca, ahí los rurales ascienden hasta el 21% y los urbanos se quedan en el 11.2% del total.

En la investigación de Serra Puyal (2008) se encuentran mayores niveles de visionado de la televisión entre el alumnado de menor edad, en contraposición a lo manifestado por Prieto y cols. (2005) para una muestra de Palencia, aquí también los de educación concertada se mostraron más sedentarios que los de segundo ciclo y educación pública. Estos datos difieren con respecto al tipo de centro con lo encontrado por Cordente (2006). Respecto al ámbito geográfico, los adolescentes de ciudad consumen menos televisión que sus semejantes de zonas rurales, en contraposición a lo hallado por Sjolie y Thuen (2002) en estudiantes noruegos.

2.6. Comparativa entre la percepción sobre las conductas sedentarias de la presente investigación y los estudios HBSC 2002 y 2006

2.6.1. Análisis de las preguntas que contabilizan el visionado de la televisión entre semana y en el fin de semana. Clasificación por género, edad, población y tipo de centro

Las actividades sedentarias como el visionado de la TV han mantenido unas cifras bastante constantes entre los años 2002 y 2006, según los datos del HBSC correspondientes a esas fechas, tanto entre semana como durante el fin de semana. Llama la atención como mientras en los estudios HBSC se dedicaban 7 horas al día el 2.5% de la población, en nuestra investigación se incrementan este porcentaje hasta el 3.4% (Tabla 7).

Respecto al género de los entrevistados, los chicos invierten más tiempo viendo la TV que las chicas. Así los datos para el estudio HBSC 2002 en España son del 3.2 y 1.8%, con 7 horas de dedicación, y en Andalucía en 2006 del 3.9 y 1.3% respectivamente. Como se puede observar aquí prevalecen los varones, en cambio en la investigación que nos ocupa son las chicas las que destinan más tiempo (3.8%) a esta actividad sedentaria que los chicos (3%) (Tabla 33). Durante el fin de semana la inactividad se incrementa un poco en los cuatro estudios analizados (Tabla 8).

Los mayores registros de visionado de TV al día corresponden a los sujetos de edad superior, tanto en el estudio HBSC 2002 como en la presente investigación. Por el contrario, son los más jóvenes los que invierten más tiempo en esta actividad sedentaria, a tenor de los resultados encontrados en estudio HBSC 2006, tanto a nivel nacional como autonómico (Tabla 5). En el fin de semana estos datos se decantan en favor de los jóvenes, puesto que presentan mayor sedentarismo en relación a sus compañeros de edad más avanzada, incrementándose el tiempo invertido en ver la TV (Tabla 6).

La población de residencia de los adolescentes no evidencia grandes diferencias en el visionado de TV, así tanto entre semana como en el fin de semana los valores son muy homogéneos. En los estudios HBSC 2002 y 2006 hay una ligera tendencia a que los sujetos de ámbito urbano vean más TV que los rurales, con la excepción del HBSC 2006 para Andalucía, donde son los rurales los más sedentarios. Obteniéndose una clara relación entre éste último dato, y lo hallado en nuestra investigación, donde el 3.9% de los rurales dedica 7 horas diarias semanales, por el 3.2% de los urbanos (Tabla 5), para el fin de semana las cifras son del 4.9 y 3.8% (Tabla 6).

El tipo de centro de procedencia de los adolescentes no tiene relación con un determinado nivel de sedentarismo, siendo los datos prácticamente iguales en todos los estudios HBSC, ya sea entre semana o durante el fin de semana. Diferenciando entre semana o fin de semana, la dedicación es mayor en este último periodo, con porcentajes de casi el doble que en los días laborables. En cambio, en nuestro estudio dicha diferencia no se ha observado puesto que entre semana dedican 7 horas el 4% de los sujetos de centros públicos y el 2.7% de los privados (Tabla 5) y en el fin de semana el 4.4% y el 3.8% (Tabla 6).

Tabla 5. *Resultados porcentuales de visionado de la TV al día entre semana. Comparativa de los datos de la presente investigación con los estudios HBSC 2002 y 2006. Clasificación por género, edad, población y tipo de centro.*

Tipo de estudio	Escala de respuesta	Total	Género		Edad		Población		Tipo de centro	
			Chico	Chica	13-14	15-16	Rural	Urbano	Público	Privado
*HBSC Edición 2002 (España)	0 horas	3.2	3.3	3.1	2.7	2.2	2.9	3.3	2.3	4.9
	½ hora	9.3	8.9	9.8	9.2	5.7	9.4	9.3	8.2	11.6
	1 hora	17.8	17.9	17.8	18	14.5	19.6	17	16.5	20.3
	2 horas	25.7	26.2	25.2	27	26.8	25.8	25.6	25.3	26.4
	3 horas	22	21	22.9	19.8	25.2	22.2	21.9	13.1	19.8
	4 horas	11.6	11.6	11.5	12.1	13	11.2	11.7	12.8	9
	5 horas	5.9	5.8	5.9	6.1	7.5	4.8	6.4	6.6	4.4
	6 horas	2.1	2.1	2	2.5	2.3	2.1	2	2.3	1.6
	7 horas	2.5	3.2	1.8	2.6	2.8	2.2	2.7	2.8	2
*HBSC Edición 2006 (España)	0 horas	5.3	5.3	5.3	4.9	3.7	5.6	5.1	4.5	7.3
	½ hora	11.8	10.1	13.2	9.8	8.5	10.2	12.8	10.6	14.6
	1 hora	21.2	21.1	21.3	20.6	19.1	20.8	21.4	20.3	25.5
	2 horas	26	26.4	25.7	25.4	28.4	25.7	28.3	26.4	25.1
	3 horas	18.5	19.3	17.9	18.7	22	19.3	18	19.4	16.4
	4 horas	9.1	9	9.2	10	10.2	10.1	8.5	10	6.9
	5 horas	4.2	4.2	4.1	4.6	4.7	4.6	3.9	4.7	2.8
	6 horas	1.6	1.4	1.7	1.8	1.9	1.5	1.6	1.7	1.2

	7 horas	2.4	3.3	1.6	4.2	1.5	2.2	2.4	2.4	2.2
	0 horas	4.6	4	5	3.7	3.1	4.8	4.4	4.4	5
	½ hora	10.8	10.2	11.4	10.2	6.8	8	12.4	9.4	15.4
	1 hora	20.3	19.7	20.8	21.6	18.8	20.3	20.3	19.6	22.5
**HBSC	2 horas	23.7	21.5	25.6	23.7	26.1	23.1	24	23	25.9
Edición 2006	3 horas	18.7	19.6	17.9	16.7	21.7	22.3	16.7	19.2	17.1
(Andalucía)	4 horas	8.5	8.5	8.6	7.5	8.8	9.4	8	9.1	6.5
	5 horas	4.6	5.3	4	3.2	5.8	4.2	4.8	5.2	2.4
	6 horas	1.7	1.2	2.1	1.1	2.1	1.7	1.6	1.9	0.8
	7 horas	2.5	3.9	1.3	3.6	2.3	3.1	2.3	2.7	2
	0 horas	1.9	1.6	2.2	1.5	2.6	1.3	2.1	1.8	2
	½ hora	10.3	11.1	9.4	20.9	8.9	8.5	11	9.3	11.5
	1 hora	20.3	22.8	17.8	20.7	19.5	19.9	20.5	20.4	20.2
Presente	2 horas	28.3	28.9	27.8	28.5	28.2	25.7	29.5	27.1	29.9
investigación	3 horas	19.5	18.3	20.7	19.65	19.2	21.5	18.7	19.6	19.4
(Tesis Doctoral)	4 horas	9.8	8.8	10.8	9.25	11.05	11	9.3	10.8	8.5
	5 horas	5	4.3	5.7	4.9	5	6.8	4.2	5.4	4.4
	6 horas	1.5	1.2	1.8	1.4	1.65	1.4	1.6	1.6	1.4
	7 horas	3.4	3	3.8	3.1	3.8	3.9	3.2	4	2.7

Fuente: Moreno, Rivera, Ramos y cols. (2008) y ** Moreno, Muñoz, Pérez y cols. (2008).

Tabla 6. *Resultados porcentuales de visionado de la TV al día en el fin de semana. Comparativa de los datos de la presente investigación con los estudios HBSC 2002 y 2006. Clasificación por género, edad, población y tipo de centro.*

Tipo de estudio	Escala de respuesta	Total	Género		Edad		Población		Tipo de centro	
			Chico	Chica	13-14	15-16	Rural	Urbano	Público	Privado
*HBSC Edición 2002 (España)	0 horas	2.4	3.5	3.4	2.8	3.4	3.3	3.5	3.7	2.9
	½ hora	6.2	5.8	6.7	5.3	5.7	6.7	6	6.3	6.1
	1 hora	12	12	12	9.5	11.6	13.8	11.2	12.5	11.2
	2 horas	18.6	18.5	18.7	17.2	17.1	20.1	17.9	19.7	18.4
	3 horas	19	19	19	20	19.1	19.2	18.9	18.1	20.8
	4 horas	16.5	16	16.9	17.2	17.2	15.6	16.8	16.5	16.4
	5 horas	11.4	11.4	11.4	12.8	11.7	10.3	12	11.5	11.4
	6 horas	6.6	6.5	6.7	7.1	7.8	6.1	6.8	6.5	6.8
	7 horas	6.2	7.3	5.2	7.4	6.6	4.8	6.9	6.3	6
*HBSC Edición 2006 (España)	0 horas	4.2	4	4.3	3.9	3.4	4.4	4	4.6	2.9
	½ hora	6.6	5.5	7.6	5.1	5.9	7.3	6.1	6.8	6.1
	1 hora	14.4	12.7	15.8	11.2	13.7	15.2	13.8	14.5	14
	2 horas	21.6	21.7	21.5	21.4	21.1	22.8	20.8	21.1	22.9
	3 horas	20.2	20.6	19.9	20.9	20.8	19.1	21	19.8	21.3
	4 horas	14.6	15.3	14	15	16.2	13.6	15.3	14.2	15.6
	5 horas	9.2	9.5	9	10.5	10.5	9.1	9.3	9.6	8.3
	6 horas	4.3	4.7	3.9	4.7	4.6	4.2	4.3	4.3	4.2
	7 horas	4.9	5.9	4	7.3	3.7	4.3	5.3	5	4.7

	0 horas	4.7	4.5	4.8	5.1	3	4.4	4.8	5.4	2.1
	½ hora	6	4.6	7.2	5.1	5.4	6	5.9	6.2	5.4
	1 hora	14.1	12.7	15.4	12.8	15.3	13.3	14.6	14.2	14
**HBSC	2 horas	19.4	18.5	20.2	21.5	17.6	22.5	17.7	18.6	22
Edición 2006	3 horas	19.4	17.3	21.3	17.7	19.8	19.2	19.6	18.3	13.1
(Andalucía)	4 horas	13.3	14.7	12.2	11.4	16.3	13.8	13.1	12.3	16.7
	5 horas	8.1	7.6	8.5	9.5	8.5	9.8	7.1	8.4	7
	6 horas	4.4	5.4	3.5	3.2	6	3.3	4.9	4.6	3.6
	7 horas	5.4	7	4	5.2	4	4.8	5.7	5.9	3.7
	0 horas	4.4	4.6	4.3	3.55	5.75	4.5	4.4	4.3	4.6
	½ hora	8.4	7.7	9.1	7.6	9.75	9.1	8.1	9	7.6
	1 hora	15.5	15.6	15.4	14.85	16.7	15.2	15.7	15.2	15.9
Presente	2 horas	19.5	20.9	18.1	19.05	19.9	18.2	20.1	19.1	20.1
investigación	3 horas	19.8	18.6	21.1	20.05	19.7	20.1	19.7	20.3	19.2
(Tesis Doctoral)	4 horas	15.5	17	14.1	16.85	12.7	14.3	16.1	14.7	16.6
	5 horas	7.6	6.8	8.4	8.3	6.85	8.5	7.2	8.4	6.5
	6 horas	5.1	4.7	5.4	5.55	4.35	5.3	4.9	4.6	5.7
	7 horas	4.1	4	4.3	4.2	3.95	4.9	3.8	4.4	3.8

Fuente:* Moreno, Rivera, Ramos y cols. (2008) y ** Moreno, Muñoz, Pérez y cols. (2008).

2.6.2. Análisis del visionado de la televisión, entre semana y durante el fin de semana. Clasificación por edad y países

Los adolescentes andaluces de 13 años presentan niveles de sedentarismo superiores a la media europea y nacional. Según los datos del estudio HBSC 2002, los estadounidenses el 29.9% dedica al menos 4 horas al día a ver la TV, al igual que los andaluces de la presente investigación. La media europea es del 28.5% y del 23.6% para los españoles. Los andaluces tan sólo son superados en sedentarismo por los portugueses (39.6%). A los 15 años el tiempo invertido en ver la TV es ligeramente inferior, por ejemplo, Europa y España se ubican en el 25.7%, Portugal en el 30.1% y USA en el 29%. Estos datos son más positivos para los andaluces de este estudio, puesto que representan el tercer nivel más bajo de sedentarismo (Figura 19).

En el estudio HBSC 2006 se comprueba que cuando se pasa viendo la TV al menos 2 horas diarias los porcentajes se elevan considerablemente. A los 13 años Andalucía (64.8%) se coloca por debajo de la media europea (70%), presentando uno de los datos más bajos de sedentarismo. Los que más tiempo destinan a esta actividad son los portugueses (79%), seguidos de los griegos (89%). Esta tendencia positiva se rompe a los 15 años, ya que Andalucía (69.2%) se coloca en el tercer lugar en cuanto hábitos sedentarios, por encima de los datos de España (68%). El umbral de mayor sedentarismo lo registran los portugueses (77.5%) y los estadounidenses (58%) (Figura 19).

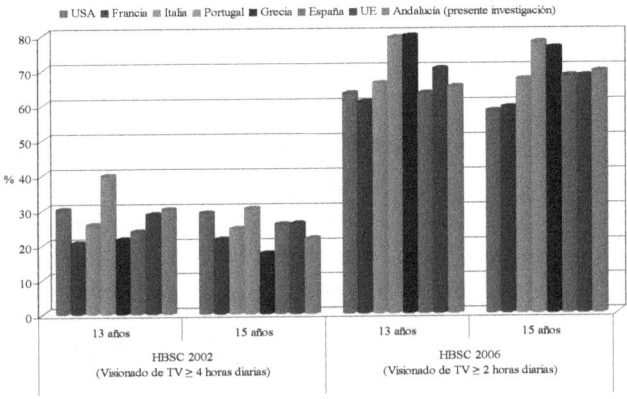

Figura 19. Comparativa entre el visionado de la TV de la presente investigación y los estudios HBSC 2002 y 2006. Clasificación por edad y países.

2.6.3. Análisis de las preguntas que contabilizan el tiempo invertido en hacer los deberes de clase entre semana y durante el fin de semana. Clasificación por género, edad, población y tipo de centro

El tiempo invertido en hacer los deberes no ha cambiado mucho con el paso de los años desde el estudio HBSC 2002 hasta la presente investigación. De hecho, el porcentaje de sujetos que destina 4 o más horas al día a esta actividad comprende el 11-13% en todos los estudios (Tabla 9). Durante el fin de semana la dedicación a esta actividad es menor, aumentando los registros de menor compromiso con las tareas escolares, es decir, las que van de 0 a media hora al día (Tabla 10).

Respecto al género, las chicas pasan más tiempo entre semana haciendo los deberes que sus compañeros varones. Es apreciable como entre las 0 y 1 hora son los chicos los más representados, y a partir de las 2 hasta las 4 horas cobran ventaja las mujeres, en estos tramos los porcentajes suelen rondar el 15-33% (Tabla 9). En el fin de semana se constata la tendencia anterior, y disminuye esta tarea en ambos sexos (Tabla 10).

La edad de los sujetos determina que en los tramos de mayor representación porcentual, de 2 a 4 horas diarias, es donde los sujetos de 15-16 años adquieren mayor ventaja con respecto a los jóvenes en el estudio HBSC 2006. En el resto de estudios se alternan los porcentajes entre ambos grupos de edad (Tabla 9). En el estudio que nos ocupa, durante el fin de semana los adolescentes de 13-14 años son los que expresan porcentajes superiores entre las 2 y 5 horas, en la mayoría de los intervalos. En cambio, en el HBSC 2006 para Andalucía se registro la tendencia opuesta (Tabla 10).

La población de pertenencia no establece diferencias notables entre una y otra zona, se alternan los datos en cuanto al tiempo invertido en hacer los deberes. Así, durante la semana entre las 1 y 3 horas los porcentajes suelen ser del 16-30% (Tabla 9). En el fin de semana aumenta la inactividad en las tareas escolares, y a partir de las 3 horas de dedicación se empieza a evidenciar un retroceso. En nuestro estudio los mayores porcentajes se contabilizan entre 1 (27.6 y 23.3%) y 2 horas (22.8 y 23%). Por su parte, en el estudio HBSC 2002 también se obtienen porcentajes elevados en este tramo (Tabla 10).

El tipo de centro determina claramente que los mayores porcentajes entre los adolescentes de centros privados se obtienen a partir de 1 hora diaria, circunstancia que no se da en los estudios HBSC 2002 y 2006, donde se aprecia una alternancia en los valores (Tabla 9). Durante el fin de semana en nuestro estudio se experimenta la misma evolución favorable a los privados, a diferencia de lo que pasaba antes, ahora en los estudios HBSC aumenta la práctica entre el grupo de estudiantes de centros privados en relación a los públicos (Tabla 10).

Tabla 9. Resultados porcentuales haciendo deberes al día entre semana. Comparativa de los datos de la presente investigación con los estudios HBSC 2002 y 2006. Clasificación por género, edad, población y tipo de centro.

Tipo de estudio	Escala de respuesta	Total	Género		Edad		Población		Tipo de centro	
			Chico	Chica	13-14	15-16	Rural	Urbano	Público	Privado
*HBSC Edición 2002 (España)	0 horas	4.2	6.2	2.2	2.5	6	4.6	4	4.5	3.5
	½ hora	10.8	14.6	7.2	9.5	10.6	10.1	11.2	11.4	9.8
	1 hora	21.7	20.8	19.6	24.9	20.2	23.8	23.7	24	23.3
	2 horas	30.3	29.4	31.2	32.9	30.9	29.3	30.8	29.8	31.3
	3 horas	18	13.8	22.2	17.5	19.9	19.6	17.3	17.6	18.8
	4 horas	7.8	4.6	10.9	7.9	7.7	7.9	7.7	7.7	8
	5 horas	3.2	2	4.4	3	3.2	3	3.3	3.2	3.3
	6 horas	1	0.5	1.5	1	1.1	0.9	1	1	1
	7 horas	0.9	0.9	1	0.8	0.5	0.8	1	0.8	1.1
*HBSC Edición 2006 (España)	0 horas	4	5.8	2.4	5.1	4.2	3.6	4.3	4.2	3.3
	½ hora	11	14	8.4	9.9	11.7	11.3	10.8	11.8	8.9
	1 hora	25.2	28.9	21.9	24.4	24	24.4	25.7	26.2	22.6
	2 horas	30.8	29.9	31.6	33.4	31.8	31.7	30.9	29.8	33.3
	3 horas	16.5	12.8	19.6	16.3	17	16.6	16.3	15.4	19.3
	4 horas	6.9	4.6	9.	5.6	6.5	7.7	6.4	7.1	6.6
	5 horas	3	1.7	4.2	2.5	3.3	3.1	3	2.8	3.6
	6 horas	1.1	0.6	1.6	1.3	1.1	1.3	1	1.1	1.1
	7 horas	1.5	1.5	1.5	1.5	0.4	1.3	1.6	1.5	1.3

HBSC Edición 2006 (Andalucía)	0 horas	4.1	6	2.4	7	3.4	4.6	3.8	4.8	1.7
	½ hora	9.8	12	7.9	9	9.5	10.6	9.4	10.3	8.3
	1 hora	22.5	25.4	19.9	17.9	18.8	23	22.2	23.7	18.5
	2 horas	28.6	28.6	28.5	32	29.7	27.8	29	28.3	29.5
	3 horas	18	14	21.6	16.1	21.8	18.5	17.8	16.4	23.4
	4 horas	6.6	4.9	8.1	5.3	6.2	7.5	6.1	6.6	6.5
	5 horas	3.1	1.7	4.4	0.9	4.1	3.2	3.1	2.3	6
	6 horas	1	0.6	1.4	1.1	1.1	1	1	0.9	1.3
	7 horas	1.7	1.4	1.9	2	0.3	1.6	1.7	1.9	1
Presente investigación (Tesis Doctoral)	0 horas	6.7	8	3.4	4.55	7.9	5.6	5.7	7	4
	½ hora	12.8	15.2	10.4	11.25	16.05	11.3	13.4	12.2	13.5
	1 hora	22.4	25.3	19.6	22.05	22.9	30	19.2	25	19.1
	2 horas	18.1	27.4	28.8	19.9	25.1	28.6	27.9	26.9	29.7
	3 horas	17.8	13.8	20.9	16.55	17.95	14.4	18.6	15.9	19.2
	4 horas	7.6	4.7	10.3	8.75	5.3	5.1	8.6	6.9	8.3
	5 horas	3.4	3.3	3.6	3.8	2.8	2.6	3.8	3.3	3.6
	6 horas	1.4	1	1.7	1.55	0.9	1.3	1.4	1.4	1.3
	7 horas	1.4	1.3	1.4	1.61	1	1.2	1.4	1.4	1.3

Fuente:* Moreno, Rivera, Ramos y cols. (2008) y ** Moreno, Muñoz, Pérez y cols. (2008).

Tabla 10. Resultados porcentuales haciendo deberes al día durante el fin de semana. Comparativa de los datos de la presente investigación con los estudios HBSC 2002 y 2006.Clasificación por género, edad, población y tipo de centro.

Tipo de estudio	Escala de respuesta	Total	Género		Edad		Población		Tipo de centro	
			Chico	Chica	13-14	15-16	Rural	Urbano	Público	Privado
*HBSC Edición 2002 (España)	0 horas	12.2	16	8.5	10.5	15.1	11.9	23.3	13.5	9.6
	½ hora	13.7	16.7	10.7	12.6	14	14.5	13.3	14	13.1
	1 hora	23.3	24.6	22	25.1	21.5	23.7	23.1	23.8	22.2
	2 horas	22.8	21.4	24.1	25	22.4	22.7	22.8	22.3	23.7
	3 horas	14	11.7	16.3	14.9	14.2	14.2	13.9	13.2	15.6
	4 horas	7.4	5.2	9.5	6.8	6.9	7.1	7.5	6.6	9
	5 horas	3.8	2.5	5.2	3	3.8	3.5	4	3.7	4
	6 horas	1.6	0.9	2.4	1.2	1.4	1.5	1.7	1.6	1.6
	7 horas	1.2	1	1.5	0.9	0.7	0.9	1.4	1.2	1.3
*HBSC Edición 2006 (España)	0 horas	11.2	14.1	8.7	11.3	14.1	12.3	10.4	12	8.9
	½ hora	14.4	16.5	12.6	14	14.6	15	13.9	15.4	11.7
	1 hora	24.7	26.2	23.4	25.3	22.4	26	23.7	25.2	23.3
	2 horas	23.7	22.4	24.8	24.9	23.3	23.7	23.7	23.3	24.7
	3 horas	13.1	11.2	14.7	13.7	13.8	11.9	13.9	12	15.8
	4 horas	6.5	5.1	7.8	6.1	6.5	5.6	7.2	6	7.9
	5 horas	3.1	2.2	3.8	2.4	2.9	2.8	3.3	2.8	3.8
	6 horas	1.7	0.9	2.4	1.1	1.3	1.4	1.9	1.6	1.9
	7 horas	1.7	1.5	1.8	1.1	1	1.3	1.9	1.5	2

	0 horas	11.7	13.6	10.1	12.6	13	13.9	10.6	13.4	6.2
	½ hora	14.8	17	12.9	15.2	16.3	14.5	15	16.2	10.2
	1 hora	22.3	22.6	22.1	21.2	20.6	13.3	21.8	21.3	25.6
**HBSC	2 horas	20.5	17.8	23	19.2	21.1	13.7	18.8	20.8	19.7
Edición 2006	3 horas	12.6	12.1	13.1	12.9	13.7	12.5	12.7	11.4	16.5
(Andalucía)	4 horas	6	5.2	6.8	5.2	5.3	5.8	6.2	5.6	7.5
	5 horas	2.5	1.7	3.3	2	2.2	1.4	3.2	2.1	4
	6 horas	1.4	0.6	2	0.6	1.6	1.2	1.4	0.9	2.9
	7 horas	2	1.8	2.2	1.1	1.7	0.9	2.6	1.7	3
	0 horas	13.6	16.5	10.6	11.25	17.65	14.6	13.1	15.2	11.4
	½ hora	16.2	17.4	15	15.85	17.7	15.9	16.3	16.4	15.9
	1 hora	14.6	26.8	22.4	24.8	23.8	27.6	23.3	25.2	23.8
Presente	2 horas	22.9	21.7	24.2	25.45	19.15	22.8	23.	22.3	23.7
investigación	3 horas	12.3	8.9	15.6	11.9	12.05	10.8	12.9	11.2	13.7
(Tesis Doctoral)	4 horas	5.8	4.4	7.1	5.9	5.5	5.1	6.1	5.4	6.2
	5 horas	2.7	2.2	3.2	2.65	2.6	1.9	3.1	2.6	2.9
	6 horas	1	1.1	1	1.05	0.9	1	1.1	1.3	0.7
	7 horas	1	1.1	0.9	1.1	0.65	0.3	1.3	0.4	1.7

Fuente:* Moreno, Rivera, Ramos y cols. (2008) y ** Moreno, Muñoz, Pérez y cols. (2008).

3. RESULTADOS RELACIONADOS CON EL NIVEL DE SALUD

Questionnaire of health and well-being (Torsheim, Välimaa y Danielson, 2004). Cuestionario sobre la salud y bienestar.

Pretende extraer información sobre el estado de salud de los adolescentes. En algunos casos, los autores usaron una lista de síntomas estándar para medir las quejas de salud subjetivas (ítem 2), y en otro (ítem 3) la satisfacción de la vida se derivó de la técnica de medición conocida como la escala de Cantril. Tiene 10 pasos: la cima de la escala indica la mejor vida posible, y el fondo la peor vida posible. A los jóvenes se les pidió que indicaran el lugar de la escala en que colocarían sus vidas en el presente. En esta escala, una puntuación de 6 o más era definida como un nivel positivo de satisfacción de vida. El cuestionario lo componen 3 ítems con una escala de 4, 5 y 10 opciones de respuestas.

- 1.- Dirías que tu salud es.

Escala de respuesta: 1 = pobre, 2 = razonable, 3 = buena y 4 = excelente.

- 2.- En los últimos 6 meses, con qué frecuencia has tenido algo de lo siguiente: dolor de cabeza, dolor de estómago, dolor de espalda, estado triste, irritabilidad, mal humor, sentido nervioso, dificultades en conciliar el sueño y sentido vértigo.

Escala de respuestas: 1 = más o menos cada día, 2 = más de una vez por semana, 3 = más o menos todas las semanas, 4 = más o menos cada mes y 5 = casi nunca o nunca.

3.- Si en una escala, 10 es la mejor vida posible para ti, y 0 es la peor vida posible para ti. ¿Dónde sientes que estás situado/a en la escala?

Escala de respuestas: 1 = cero, 2 = uno, 3 = cuatro, 4 = tres, 5 = cuatro, 6 = cinco, 7 = seis, 8 = siete, 9 = ocho, 10 = nueve y 11 = diez.

De los resultados obtenidos del presente cuestionario, se obtuvo un coeficiente de fiabilidad de Cronbach de 0.461.

3.1 Grado de salud adolescente autopercibida

3.1.1. Resultados generales

La opinión del alumnado en referencia a la salud ofrece una media de respuestas de 3.05 y una desviación típica de 0.68. Porcentualmente, el valor máximo (59.4%) corresponde a quienes perciben su salud como buena y el valor mínimo (2.1%) con los que la autoclasifican como pobre (Figura 20).

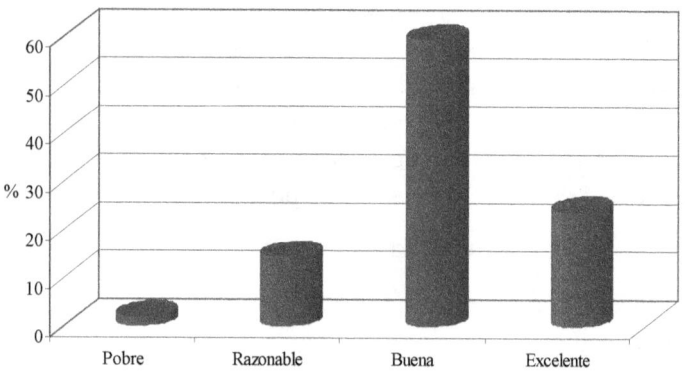

Figura 20. Resultados porcentuales generales de salud.

3.1.2. Opinión de los adolescentes en función de los factores más importantes

A continuación se presentan los resultados obtenidos a partir del análisis de frecuencias mediante Tablas de contingencia: Género, edad, tipo de centro, población, índice de masa corporal, morfotipo, nivel de actividad física, y nivel de salud.

3.1.2.1. Resultados por género

Los varones perciben su salud en mayor medida como excelente (30.9%) que las mujeres (17.1%), siendo estas últimas las que estiman que tienen una salud buena (64.7%) por encima de los hombres (54.2%). Se puede afirmar que los hombres sienten su salud de forma más positiva que las mujeres. Este análisis descriptivo se realizó mediante Tablas de contingencia, utilizando como prueba de contraste de varianzas el test de Chi-cuadrado, manifestando diferencias significativas ($p=0.000$) favorables a los varones

3.1.2.2. Resultados por edad

Del análisis de las respuestas de los escolares se observa un descenso del nivel de salud a medida que se aumenta la edad de los sujetos. Así, los que perciben su salud como razonable pasan del 9.7% a los 13 años al 22.1% a los 16. Una tendencia contraria experimentan los de salud excelente, donde a los 13 años estaba en el 28.4% y a los 16 se reduce hasta el 21%, llegando a estar en el 18.2% a los 15 años de edad. Por tanto, se aprecian diferencias significativas ($p=0.000$), mediante la prueba de contraste de varianzas Chi-cuadrado, favorables a alumnado de menor edad.

3.1.2.3. Resultados de Tablas de contingencia por tipo de centro

Los datos obtenidos en ambos centros son prácticamente idénticos, los que catalogan su salud como pobre en los públicos son el 2.2% y en los privados el 1.9%. Los de salud buena el 58.8% y el 60.3% respectivamente, y el 25.1 y 22.5% para los de salud excelente.

3.1.2.4. Resultados por población

Apenas existen diferencias entre las valoraciones de unos y otros alumnos sobre su salud en base al centro de procedencia. Los que catalogan su salud como pobre suponen el 2.7% de los rurales y el 1.8% de los públicos, los de salud razonable el 61.6 y el 58.5% en sendos grupos. Los más saludables representan el 22.4 y el 24.7% respectivamente

3.1.2.5. Resultados por índice de masa corporal

Una vez aplicada la prueba de contraste de varianzas Chi-cuadrado se observan diferencias significativas ($p=0.000$) favorables a los individuos con normopeso. Quienes gozan de mejor salud son los sujetos en situación de normopeso, que presentan una salud buena en el 60.1% de los casos y excelente en el 25.3%. En cambio, los que padecen sobrepeso y obesidad tienen los valores más elevados en las cotas de salud más bajas (Figura 21).

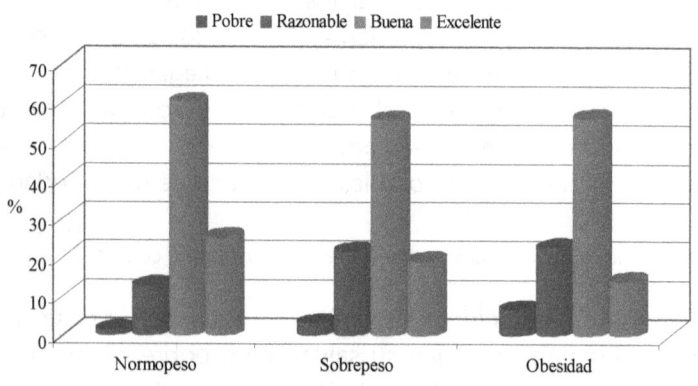

Figura 21. Resultados porcentuales de salud.

Clasificación por IMC [normopeso (n=1.916), sobrepeso (n=212) y obesidad (n=162)].

3.1.2.6. Resultados por morfotipo

De entre los tres tipos de distribución morfológica los mesomorfos son los que catalogan su salud como más favorable, determinando como salud excelente el 28.8%, seguido de los ectomorfos (24.3%). Los que afirman tener una salud buena en mayores proporciones son los endomorfos en un 61.5%, que a su vez tiene también la salud más razonable (20.4%). De los que poseen una salud pobre el 2.7% es la cota superior y pertenece a los ectomorfos. Este análisis descriptivo se realizó mediante Tablas de contingencia, utilizando como prueba de contraste de varianzas el test de Chi-cuadrado, manifestando diferencias significativas ($p=0.000$) tendentes al alumnado endomorfo

3.1.2.7. Resultados por nivel de actividad física

Entre los que catalogan su salud como excelente son mayoría los activos (28.7%) en comparación con los inactivos (20.1%). En el resto domina porcentualmente los inactivos, con el 17.4% cuando la salud es razonable y con el 3% si la entienden como pobre. Mediante la prueba de contraste de varianzas Chi-cuadrado se han encontrado diferencias significativas ($p=0.000$) favorables a los sujetos activos (Figura 21).

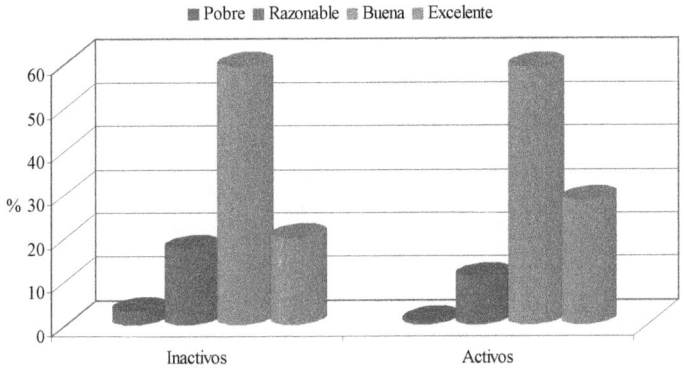

Figura 21. Resultados porcentuales de salud.
Clasificación por nivel de AF [inactivos (n=1.256) y activos (n=1.034)].

3.2. Grado de salud adolescente en función de la frecuencia con que en los últimos seis meses ha tenido dolor de cabeza, dolor de estomago, dolor de espalda, estado triste, irritabilidad, mal humor, sentido nervioso, dificultades en conciliar el sueño y sentido vértigo

3.2.1. Resultados generales

La opinión del alumnado en referencia a la práctica de AF ofrece una media de respuestas de 2.33 y una desviación típica de 1.29. Porcentualmente, el valor máximo (33.1%) corresponde a los que casi nunca o nunca han tenido molestias y el valor mínimo (9%) a los que experimentan malestar casi todos los días (Figura 22).

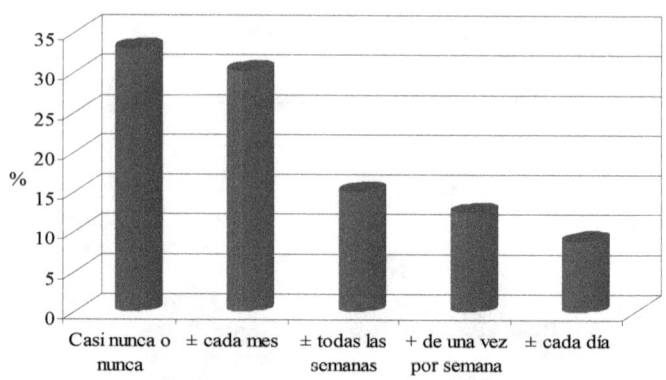

Figura 22. Resultados porcentuales generales de sentimiento de malestar.

3.2.2. Opinión de los adolescentes en función de los factores más importantes

A continuación se presentan los resultados obtenidos a partir del análisis de frecuencias mediante Tablas de contingencia: Género, edad, tipo de centro, población, índice de masa corporal, morfotipo, nivel de actividad física, y nivel de salud.

3.2.2.1. Resultados por género

El grupo que menos malestar experimenta es el de los chicos, ya que según reflejan los datos sus porcentajes son mayores cuando afirman no sentir molestias casi nunca o nunca (44.2%) en comparación con las chicas (22.1%). Con la frecuencia semanal los datos son superiores en las mujeres (18.6%) y también en más de una vez por semana (17%) así como a diario (12.8%). Este análisis descriptivo se realizó mediante Tablas de contingencia, utilizando como prueba de contraste de varianzas el test de Chi-cuadrado, manifestando diferencias significativas ($p=0.000$) favorables hombres.

3.2.2.2. Resultados por edad

A medida que se incrementa la edad de los sujetos aumenta el sentimiento de malestar, así los chicos de 13 años en un 40.9% casi nunca o nunca experimentan molestias, por el 34.9% a los 14, el 26.2% a los 15 y el 25.5% a los 16 años. Por tanto, mediante la prueba de contraste de varianzas Chi-cuadrado se constatan diferencias significativas ($p=0.000$) favorables al alumnado de menor edad. Con una frecuencia casi semanal aparecen en lo más alto el 20.5% de los adolescentes de 15 años, al igual que cuando la periodicidad es más de una vez por semana (15.3%). Si el malestar es a diario los de 16 años son los más representados con el 10.6% de los casos.

3.2.2.3. Resultados por tipo de centro

Según los datos, los alumnos de centros públicos presentan menos molestias que los de privados, no en vano afirman no sentir malestar casi nunca o nunca en un 35.6% por el 29.9% de los privados, con diferencias significativas ($p=0.008$), mediante la prueba de contraste de varianzas Chi-cuadrado, en favor de los públicos. En la parte intermedia, cuando el malestar se percibe más o menos todas las semanas, los datos apuntan a un incremento de los privados (17%), circunstancia que se mantiene a medida que el malestar se hace más frecuente. Cuando se da casi a diario el mayor registro es el de los privados con el 9.4%.

3.2.2.4. Resultados por población

En las zonas rurales los alumnos manifiestan tener con menor frecuencia algún tipo de dolencia. El 37.2% afirma no sentir dolores casi nunca o nunca, por el 31.3% de los urbanos. De los que padecen malestar más de una vez por semana los más perjudicados son los urbanos (13.7%), al igual que cuando éstas se dan casi a diario (9.3%). Los datos registrados, una vez aplicado la prueba de contraste de varianzas Chi-cuadrado, muestran diferencias significativas ($p=0.025$) favorables a los adolescentes de ámbito rural.

3.2.2.5. Resultados por índice de masa corporal

Del total de personas que defiende no sentir molestias casi nunca, los tres grupos de IMC tienen unos valores casi idénticos, entre el 33 y el 34%. Con una frecuencia casi semanal resulta más abultado en el sobrepeso (19.8%) y se incrementa de forma más clara estas diferencias cuando se da casi todos los días (15.4%), sobre todo en el grupo de los obesos. Este análisis descriptivo se realizó mediante Tablas de contingencia, utilizando como prueba de contraste de varianzas el test de Chi-cuadrado, manifestando diferencias significativas ($p=0.008$) tendentes a los obesos (Figura 23).

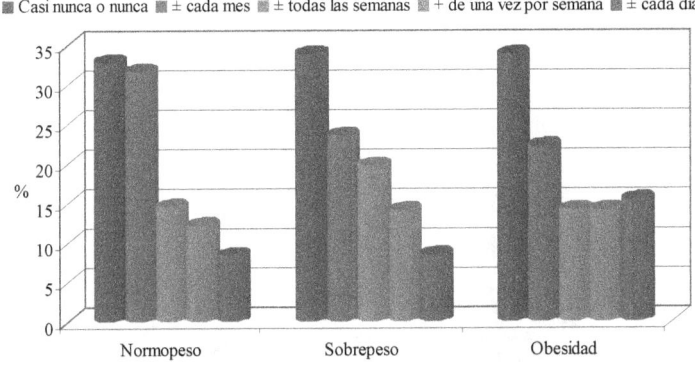

Figura 23. Resultados porcentuales de sentimiento de malestar
Clasificación por IMC [normopeso (n=1.916), sobrepeso (n=212) y obesidad (n=162)].

3.2.2.6. Resultados por morfotipo

Los sujetos que menos malestar sienten son los mesomorfos (33.7%), ya que casi nunca presentan incomodidades, contabilizándose diferencias significativas ($p=0.047$), mediante la prueba de contraste de varianzas Chi-cuadrado, favorables a éste grupo. Más o menos todas las semanas es más frecuente entre los endomorfos (17.2%), al igual que en más de una vez por semana (14.9%). Cuando la periodicidad es casi diaria se da en el 10.9% de los casos en los ectomorfos.

3.2.2.7. Resultados por nivel de actividad física

Cuando el grado de actividad es mayor los sujetos perciben su salud más fuerte. De hecho, con mayor frecuencia estiman que no tienen malestar casi nunca (37.6%), siendo menos común es esta apreciación entre los sedentarios (29.4%). Semanalmente, los inactivos presentan más complicaciones relacionadas con la salud (16.6%), ocurriendo algo similar si las molestias son casi diarias (9.9%). Este análisis descriptivo se realizó mediante Tablas de contingencia, utilizando como prueba de contraste de varianzas el test de Chi-cuadrado, manifestando diferencias significativas (p=0.000) favorables a los escolares más saludables (Figura 24).

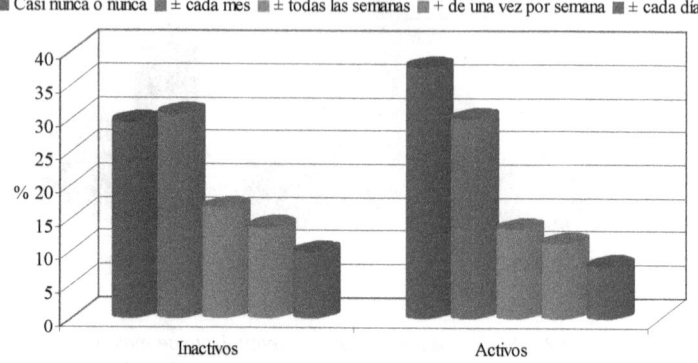

Figura 24. Resultados porcentuales de sentimiento de malestar. Clasificación por nivel de AF [inactivos (n=1.256) y activos (n=1.034)].

3.3. Grado de salud adolescente en función de la ubicación en la escala de vida, donde 10 es la mejor vida posible para ti, y 0 es la peor vida posible para ti

3.3.1. Resultados generales

La opinión del alumnado en referencia a la práctica de AF ofrece una media de respuestas de 8.29 y una desviación típica de 1.87. Porcentualmente, el valor máximo (27.5%) corresponde con quienes se ubican en el puesto 8 en la escala de vida y el valor mínimo (0.7%) con quienes se colocan en el puesto 1 (Figura 25).

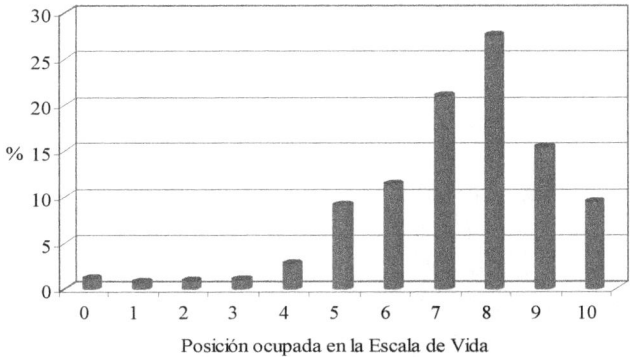

Figura 25. Resultados porcentuales generales de la posición ocupada en la escala de vida.

3.3.2. Opinión de los adolescentes en función de los factores más importantes

A continuación se presentan los resultados obtenidos a partir del análisis de frecuencias mediante Tablas de contingencia: Género, edad, tipo de centro, población, índice de masa corporal, morfotipo, nivel de actividad física, y nivel de salud.

3.3.2.1. Resultados por género

De la totalidad de las respuestas del alumnado, y mediante la prueba de contraste de varianzas Chi-cuadrado, se extraen diferencias significativas ($p=0.000$) favorables a los hombres, los cuales se ubican en posiciones superiores en la escala de vida. A partir de la posición 7 los hombres adquieren más representación en todos los tramos, así tenemos en este intervalo el 21.6% por el 20.5% de las mujeres, en la 8 el 28% por el 27.1% y en la 10 el 11.8 por el 7%.

3.3.2.2. Resultados por edad

Son los sujetos de menor edad los que se colocan en umbrales más elevados de satisfacción de vida. Los que se clasifican en el puesto 9 son el 17.6% por el 11.8% a los 13 años, en la posición 10 el 12% por el 7.6% a los 15 años. El puesto 8 es dominado por los de 15 años con el 28.2% y el 7 por los de 14 años con el 22.6%.

3.3.2.3. Resultados por tipo de centro

Desde el umbral 6 al 7 hay una ligera hegemonía de los sujetos de centros privados (12.1 y 23.8%), en relación a los públicos (10.7 y 18.8%). En la cota 8 hay un empate (27.5%), y en los dos últimos predominan los públicos (16.1 y 11.1%), en analogía a los privados (14.5 y 7.2%). Este análisis descriptivo se realizó mediante Tablas de contingencia, utilizando como prueba de contraste de varianzas el test de Chi-cuadrado, manifestando diferencias significativas ($p=0.005$) favorables a los sujetos de centros públicos.

3.3.2.4. Resultados por población

No existen casi diferencias porcentuales entre los dos tipos de centros. Los datos relativos a las zonas de mayor calidad de vida son la posición 7 con el 19.8% para los rurales y el 21.6% en los públicos, en la posición 8 el 15.6 y el 15.4%. Por último, en la mejor posición de todas, los porcentajes son del 11 y 8.7% respectivamente.

3.3.2.5. Resultados por índice de masa corporal

De los tres grupos, los normopeso dominan los porcentajes en la posición 7 (21.6%), 8 (28.9%) y la 9 (15.5%), evidenciándose diferencias significativas ($p=0.001$), halladas mediante la prueba de contraste de varianzas Chi-cuadrado, favorables a este grupo. En la cima de la escala de vida, el mayor valor corresponde a los obesos (11.1%), seguido del sobrepeso (10.8%) y el normopeso (9.1%). En las zonas más bajas de la escala de vida lo frecuente es una alternancia entre el sobrepeso y la obesidad (Figura 26).

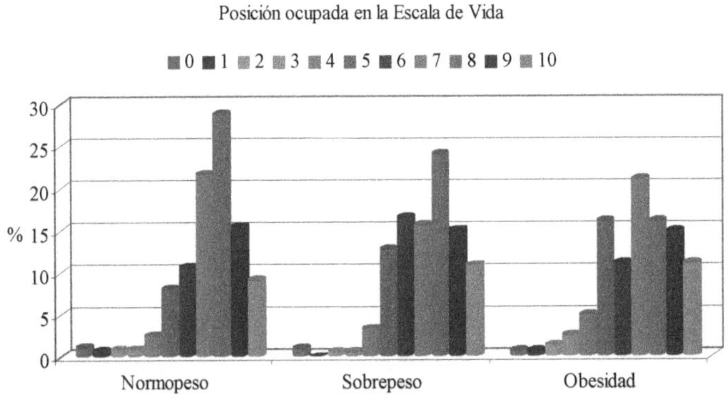

Posición ocupada en la Escala de Vida

■0 ■1 ■2 ■3 ■4 ■5 ■6 ■7 ■8 ■9 ■10

Figura 26. Resultados porcentuales de la posición ocupada en la escala de vida. Clasificación por IMC [normopeso (n=1.916), sobrepeso (n=212) y obesidad (n=162)].

3.3.2.6. Resultados por morfotipo

Según la escala de vida en la posición 7 los ectomorfos son los que mayor representación adquieren (30.4%) seguidos muy de cerca por los mesomorfos (29.9%) y algo más distanciados por los endomorfos (21.3%). En la 9 y 10 el dominio es de los mesomorfos (17.8 y 9.4%), registrándose diferencias significativas ($p<0.05$), determinadas a través de la prueba de contraste de varianzas Chi-cuadrado, favorables a éste último grupo. Desde la posición 3 hasta la 6 los endomorfos son los más relevantes de los tres grupos.

3.3.2.7. Resultados por nivel de actividad física

Este análisis descriptivo se realizó mediante Tablas de contingencia, utilizando como prueba de contraste de varianzas el test de Chi-cuadrado, manifestando diferencias significativas ($p=0.000$) tendentes a los sujetos activos. Los cuales, se posicionan en niveles superiores en la escala de vida, así en el 7 (21.3%), 8 (28.2%), 9 (18.8%) y 10 (11%) lideran las puntuaciones. Desde la posición 6 hasta la 0 la mayor representación es de los inactivos (Figura 27).

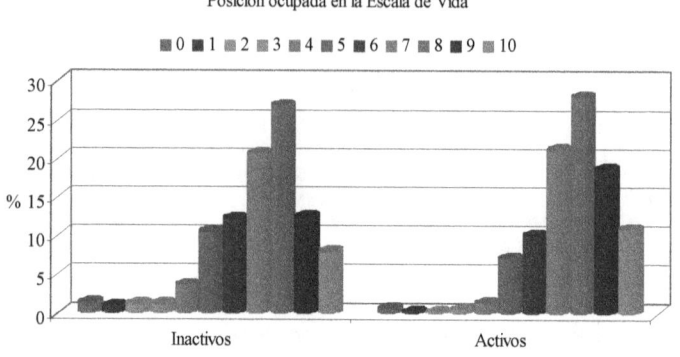

Figura 27. Resultados porcentuales de la posición ocupada en la escala de vida. Clasificación por nivel de AF [inactivos (n=1.256) y activos (n=1.034)].

4. ANÁLISIS DE LA SALUD AUTOPERCIBIDA EN LA ADOLESCENCIA DESDE DIFERENTES PERSPECTIVAS

En nuestro estudio, la opinión del alumnado en referencia a la salud ofrece una media de respuestas de 3.05 y una desviación típica de 0.68. Porcentualmente, el valor máximo (59.4%) corresponde con quienes perciben su salud como buena y el valor mínimo (2.1%) con los que la autoclasifican como pobre. Por tanto, se puede afirmar que la mayor parte de los sujetos gozan de un buen estado de salud. Diversos estudios hacen hincapié en el impacto fundamental de los factores psicológicos y sociales en el bienestar subjetivo y en la percepción subjetiva de la calidad de vida. No obstante, las variables sociales y psicológicas afectan profundamente a otras áreas de competencia, relacionadas con las cognitivas, competencias emocionales y de conducta, así como las expectativas y la motivación (Cummins, 2005; Gaspar y cols., 2006). Además, la calidad de vida se asocia con las experiencias pasadas y presentes (Wallander y Schmitt, 2001), así como con las preocupaciones y expectativas de futuro.

En general, se comprobó que los niños más pequeños y los participantes con mayor autoestima, tienen una percepción más positiva de su estado de salud relacionados con la calidad de vida en distintos niveles. Los resultados de este estudio permiten una mejor comprensión del impacto de factores personales y sociales en la promoción de estilos de vida saludables en niños y adolescentes. También pueden ayudar a identificar grupos de riesgo (por ejemplo, los factores relacionados con el sexo, la edad y autoestima). En este estudio, los resultados muestran que las niñas, los adolescentes y los participantes con bajos niveles de imagen corporal tienen una percepción menos positiva de su calidad de vida, una situación que es un factor de riesgo en sí mismo para su salud y bienestar (Gaspar, Gaspar Matos, Ribeiro País y cols., 2009).

4.1. Percepción de salud en función del género y la edad

Los resultados de nuestra investigación constatan como los varones perciben su salud más positiva que las mujeres, existiendo diferencias significativas ($p=0.000$) favorables al primer grupo. Los varones perciben su salud en mayor medida como excelente (30.9%) que las mujeres (17.1%). En otros estudios, de la comparativa entre niños y niñas, en términos de percepciones relacionadas con la calidad de la salud, se encontraron la misma tendencia en la mayoría de las dimensiones, los niños presentan niveles más altos que las niñas (Gaspar, Gaspar Matos, Ribeiro País y cols., 2009). Igual sucede cuando el deterioro de la salud se relaciona con el número de visitas al médico, el número de dolencias físicas que presentan, mayor ansiedad fisiológica y ansiedad cognitiva, presentando menor salud física autopercibida. En relación a este apartado del malestar, nuestros datos confirman que el grupo que menos malestar experimenta es el de los chicos, ya que según reflejan los datos sus porcentajes son mayores cuando afirman no sentir molestias casi nunca o nunca (44.2%) en comparación con las chicas (22.1%).

En cuanto a la relación entre los dos grupos de edad (niños de edades comprendidas entre 10 y 11, y los adolescentes de 12 años de edad o más) en términos de calidad de la salud, encontramos diferencias significativas en todas las dimensiones, según las cuales conforme se incrementa la edad disminuye la sensación de calidad de vida (Gaspar, Gaspar Matos, Ribeiro País y cols., 2009). Según los datos de la presente tesis doctoral, el nivel de salud también experimenta un retroceso a medida que los adolescentes se hacen mayores. Así, los que perciben su salud como razonable pasan del 9.7% a los 13 años al 22.1% de los 16. Una tendencia contraria experimentan los de salud excelente, donde a los 13 años estaba en el 28.4% y a los 16 se reduce hasta el 21%, llegando a estar en el 18.2% a los 15 años de edad. Por tanto, se aprecian diferencias significativas ($p=0.000$), mediante la prueba de contraste de varianzas Chi-cuadrado, favorables a alumnado de menor edad.

En cuanto a la variable nivel socioeconómico, se encontraron diferencias significativas relativas a la calidad de la salud en la mayoría de las dimensiones a excepción de la "*autonomía*" (Gaspar, Gaspar Matos, Ribeiro País y cols., 2009). Del estatus social también se derivaron diferencias significativas en la mayoría de las dimensiones relativas a la "*autopercepciones*" relacionadas con la salud y la calidad de vida. Así, los individuos con puntuaciones medias/altas en autoestima presentaron valores más altos (de clase social) que los individuos que se perciben de forma más negativa. En cambio, en nuestro estudio, si relacionamos la salud autopercibida con el estrato social (según centro público o privado) de los sujetos, se evidencia que los datos obtenidos en ambos centros son prácticamente idénticos, los que catalogan su salud como pobre en los públicos son el 2.2% y en los privados el 1.9%. Los de salud buena el 58.8% y el 60.3% respectivamente, y el 25.1 y 22.5% para los de salud excelente.

La estimación de la salud de los sujetos en función de su imagen corporal, según el IMC autopercibido, arroja diferencias significativas ($p=0.000$) favorables a los individuos con normopeso. Quienes gozan de mejor salud son los sujetos en situación de normopeso, presentan una salud buena en el 60.1% de los casos y excelente en el 25.3%. En cambio, los que padecen sobrepeso y obesidad tiene los valores más elevados en las cotas de salud más bajas. Las comparaciones por sexo, edad y estrato social, relativas a la autoestima, indicaron diferencias significativas para todas las variables. Para ser más específicos, los niños tenían valores más altos que las niñas, los niños de edades entre 10 y 11 años, tuvieron valores más altos que los adolescentes de 12 años de edad en adelante, y los sujetos que pertenecían a una clase social media/alta presentaron valores más altos en relación con los estudiantes pertenecientes a entornos más deprimidos (Gaspar, Gaspar Matos, Ribeiro País y cols., 2009).

El grupo que menos malestar experimenta es el de los chicos, ya que según reflejan nuestros datos sus porcentajes son mayores cuando afirman no sentir molestias casi nunca o nunca (44.2%), en comparación con las chicas (22.1%). Este análisis descriptivo se realizó mediante Tablas de contingencia utilizando como prueba de contraste de varianzas el test de Chi-cuadrado, manifestando diferencias significativas ($p=0.000$) favorables a los varones. En base al estudio de Gaspar, Gaspar Matos, Ribeiro País y cols. (2009). La comparación por sexo, edad y nivel social en materia de salud, evidenciaron diferencias significativas para la mayoría de las variables. Presentando los varones informes más altos que las niñas. Según los datos de ésta tesis, los alumnos de centros públicos presentan menos molestias que los de privados, no en vano afirman no sentir malestar casi nunca o nunca en un 35.6% por el 29.9% de los privados, con diferencias significativas ($p=0.008$). En cambio, en el estudio de Gaspar, Gaspar Matos, Ribeiro País y cols., (2009) el nivel social determinó que los participantes de clase media/alta registraron valores más altos que los de clase baja. Los datos procedentes de nuestro estudio experimentan la misma tendencia, a medida que se incrementa la edad de los sujetos aumenta el sentimiento de malestar, así los chicos de 13 años en un 40.9% casi nunca o nunca experimentan molestias, por el 34.9% a los 14, el 26.2% a los 15 y el 25.5% a los 16. Por tanto, mediante la prueba de contraste de varianzas Chi-cuadrado se constatan diferencias significativas ($p=0.000$) favorables a los chicos de menor edad.

En cuanto a las diferencias de género, las niñas siguen presentando una menor percepción positiva de su calidad de vida, excepto en relación a la satisfacción con la escuela, con sus amigos, profesores y el aprendizaje de habilidades (Simeoni y cols., 2000; Bisegger y cols., 2005). De nuestra investigación se derivan, mediante la prueba de contraste de varianzas Chi-cuadrado, diferencias significativas ($p=0.000$) favorables a los hombres, los cuales se ubican en posiciones superiores en la escala de vida. A partir de la posición 7 los hombres adquieren más representación en todos los tramos. Las comparaciones por sexo y edad indican diferencias significativas, para todas las variables, favorables a los niños que presentan valores más altos que las niñas. Los chicos de entre 10 y 11 años tienen valores más altos que los adolescentes de 12 años de edad en adelante (Gaspar, Gaspar Matos, Ribeiro País y cols., 2009). Según el sexo de los sujetos y el nivel de salud, no se evidencian diferencias significativas en las variables enfermedades crónicas, ansiedad motora, autoestima y satisfacción vital.

4.2. Percepción de salud en función del nivel de actividad física

Si relacionamos la salud de los sujetos mediante la escala de vida, con la práctica de AF se manifiestan diferencias significativas ($p=0.000$) tendentes a los sujetos activos, los cuales se posicionan en niveles superiores en la escala de vida, así en el 7 (21.3%), 8 (28.2%), 9 (18.8%) y 10 (11%) lideran las puntuaciones. Desde la posición 6 hasta la 0 la mayor representación es de los inactivos. Está claro que los riesgos de las principales enfermedades crónicas como las dolencias del corazón, presión arterial alta, derrames cerebrales, algunos tipos de cáncer, la diabetes y la osteoporosis se incrementan por la vida sedentaria. Además hay pruebas de que la AF regular puede mejorar la función inmune y ayudar a aliviar los síntomas de la artritis, el asma y la fibromialgia, en algunas personas (Corbin, Welk, Corbin, y Welk, 2006). Otra evidencia que constata esta afirmación deriva de la relación de la AF con el malestar autopercibido, así pues los sujetos perciben su salud más fuerte, de hecho con mayor frecuencia estiman que no tienen malestar casi nunca (37.6%), menos común es esta apreciación entre los sedentarios (29.4%). Semanalmente, los inactivos presentan más complicaciones relacionadas con la salud (16.6%), ocurriendo algo similar si las molestias son casi diarias (9.9%). Este análisis descriptivo se realizó mediante Tablas de contingencia utilizando como prueba de contraste de varianzas el test de Chi-cuadrado, manifestando diferencias significativas ($p=0.000$) favorables a los escolares más saludables.

4.3. Percepción de salud en función de la imagen corporal

En diferentes estudios se ha comprobado que el impacto de las variables psicológicas en la salud relacionadas con la calidad de vida es mayor en los niños. Además, la salud física tiene un mayor impacto sobre la calidad de vida relacionada con la salud de los niños, y las variables sociales tienen más influencia en las niñas. Estos resultados ponen de manifiesto diferencias en la calidad de vida, dejándose entrever la relación entre el bienestar psicológico y las relaciones familiares. Un indicador de la satisfacción de vida es la percepción que cada cual tiene sobre su imagen corporal. Según este posicionamiento, en nuestro estudio, una vez aplicada la prueba de contraste de varianzas Chi-cuadrado, se observan diferencias significativas ($p=0.000$) favorables a los individuos con normopeso. Quienes gozan de mejor salud son los sujetos en situación de normopeso, presentan una salud buena en el 60.1% de los casos y excelente en el 25.3%. En cambio, los que padecen sobrepeso y obesidad tiene los valores más elevados en las cotas de salud más bajas. Corroborando esta teoría los datos demuestran como entre la posición 9 y 10 (de la escala de vida) el dominio es de los mesomorfos (17.8 y 9.4%), registrándose diferencias significativas ($p<0.05$), determinadas a través de la prueba de contraste de varianzas Chi-cuadrado, favorables a éste último grupo.

4.4. Comparativa entre la salud de la presente investigación y los estudios HBSC 2002 y 2006

4.4.1. Análisis de las preguntas que contabilizan la percepción de salud y la escala de vida. Clasificación por género, edad, población y tipo de centro

En referencia a la percepción subjetiva de salud los estudios HBSC 2002 y 2006 determinan una mejora con el paso del tiempo, ya que son más los sujetos que califican su salud como excelente, pasando del 29.6% en 2002 para España, al 33.9% en 2006 en Andalucía. En nuestra comunidad, según los datos del presente estudio se contabilizan las menores dosis de salud, con el 24% (Tabla 11). Esta progresión en la salud también tiene su traslación en la escala de vida (EV), ya que la media es de 7.1 en el HBSC 2002, incrementándose hasta llegar hasta el 8.29 de la presente investigación (Tabla 12).

De la relación entre la salud y el sexo de los participantes se evidencian diferencias notables favorables a los varones. Desde el estudio HBSC 2002 hasta el de 2006 se ha incrementado el número de sujetos que perciben su salud como excelente. Así, en 2002 aparece el 36.7% para los chicos y el 22.7% para las chicas, y en 2006 las cifras son del 40.8 y 26.1 para España, y de 43.1 y 26.5% para Andalucía. Como sucedió antes, en nuestros datos se constata un retroceso en la salud, ya que para los varones el porcentaje de salud excelente es del 30.9 y para las mujeres del 17.1% (Tabla 11). Estos últimos informes contrastan con la EV, puesto que en nuestra investigación se adquieren valores de 8.50 para los chicos y del 8.09 para las chicas. En los otros tres estudios HBSC analizados el menor registro es para los hombres (6.92) en 2002 y los mayores también para el sexo masculino (8.04) entre el colectivo de andaluces en 2006 (Tabla 12).

Paralelo al incremento de la edad de los sujetos se produce un descenso en los niveles de salud autopercibida, así en el estudio HBSC 2006 en Andalucía se obtienen los dosis más elevadas con porcentajes de 37.7 y 28.7, para los ambos grupos de edad. Los valores más bajos corresponden a los adolescentes de la presente investigación, con el 27.2% para los de 13-14 años y del 19.6% para los de 15-16 años (Tabla 11). La EV como instrumento de valoración de la salud revela que los sujetos más saludables son los analizados en nuestra investigación, con una media de 8.33 para los más jóvenes y de 8.22 para los mayores. En lo referente a los estudios internacionales HBSC vuelven a coincidir como los andaluces de 2006 son los que tienen niveles más positivos de salud, con un 8.08 a los 13-14 años y de 7.52 a los 15-16 (Tabla 12).

Entre la población urbana existen ligeras mejoras de salud en base a los estudios internacionales, el dato más positivo se encuentra entre los adolescentes del HBSC 2006 en Andalucía, donde el 32% del alumnado de localidades rurales definen su salud como excelente, por el 35.8% de los de ámbito urbano. En contraposición aparecen los andaluces de la presente investigación, donde la mayor cifra corresponde a los rurales con el 22.4%, en detrimento de los urbanos con el 14.7% (Tabla 11). La semejanza de estos datos con la EV radica en que son individuos de centros rurales los más saludables en los estudios HBSC, y la diferencia viene dada porque en nuestro estudio los andaluces adquieren cotas de salud superiores a sus semejantes del resto de estudios, siendo también los rurales los más saludables con una puntuación de 8.36 por el 8.26 de los urbanos (Tabla 12).

El tipo de centro de pertenencia revela que en el presente estudio los sujetos de centros públicos tiene una salud excelente en el 25.1% de los casos, por el 22.5% de los privados. En cambio, según los datos de los estudios HBSC 2002 y 2006 esta tendencia es opuesta, ya que ellos recogen las mayores cifras entre los privados, adquiriéndose el mayor nivel en los andaluces del HBSC 2006, con el 33% para los públicos y el 35.8% para los privados (Tabla 11). La escala de vida confirma esta teoría, siendo los andaluces los que gozan de mejor salud, con una media de 8.04 para los centros públicos y de 8.01 para los privados. En la presente investigación se incrementan un poco estos datos, llegando al 8.34 para los públicos y al 8.24 para los privados (Tabla 12).

Tabla 11. Resultados porcentuales de salud. Comparativa de los datos de la presente investigación con los estudios HBSC 2002 y 2006. Clasificación por género, edad, población y tipo de centro.

Tipo de estudio	Escala de respuesta	Total	Género		Edad		Población		Tipo de centro	
			Chico	Chica	13-14	15-16	Rural	Urbano	Público	Privado
*HBSC Edición 2002 (España)	Pobre	0.8	0.8	0.8	0.5	0.8	0.8	0.8	0.8	0.8
	Razonable	10.8	8.2	13.4	8.1	13.4	10.9	10.8	11.6	9.3
	Buena	58.8	54.3	63.1	57.4	61.1	59.9	58.3	58.7	58.9
	Excelente	29.6	36.7	22.7	34.1	24.7	28.4	30.2	28.8	31.1
*HBSC Edición 2006 (España)	Pobre	0.6	0.5	0.6	0.5	0.7	0.4	0.7	0.6	0.5
	Razonable	8.5	6.4	10.4	7.2	11	9.3	8	8.7	8
	Buena	58	52.3	62.9	55.5	60.1	59.3	57.1	59	55.2
	Excelente	32.9	40.8	26.1	36.8	28.2	31	34.3	31.6	36.4
**HBSC Edición 2006 (Andalucía)	Pobre	0.5	0.5	0.4	0.5	0.4	0.3	0.2	0.6	0.2
	Razonable	8.2	6.3	9.9	5.8	12.4	8.8	7.9	8.4	7.9
	Buena	56.3	49.5	62.4	53.9	58.1	58	55.5	56.6	55.5
	Excelente	33.9	43.1	26.5	37.7	28.7	32	35.8	33	35.8
Presente investigación (Tesis Doctoral)	Pobre	2.1	1.7	2.5	1.9	2.25	2.7	1.8	2.2	1.9
	Razonable	14.5	13.3	15.7	11.9	19.2	13.3	15	13.9	15.3
	Buena	59.4	54.2	64.7	5.9	58.9	61.6	58.5	58.8	60.3
	Excelente	24	30.9	17.1	27.2	19.6	22.4	14.7	25.1	22.5

Fuente:* Moreno, Rivera, Ramos y cols. (2008) y ** Moreno, Muñoz, Pérez y cols. (2008).

Tabla 12. Resultados medios de la posición ocupada en la escala de vida. Comparativa de los datos de la presente investigación con los estudios HBSC 2002 y 2006. Clasificación por género, edad, población y tipo de centro.

Tipo de estudio	Escala de respuesta	Total	Género		Edad		Población		Tipo de centro	
			Chico	Chica	13-14	15-16	Rural	Urbano	Público	Privado
*HBSC Edición 2002 (España)	Media	7.1	7.29	6.92	7.33	6.73	7.13	7.09	7.05	7.20
	Desviación típica	249	2.35	2.6	2.44	2.42	2.47	2.50	2.52	2.43
*HBSC Edición 2006 (España)	Media	7.87	7.95	7.8	7.84	7.49	7.89	7.85	7.84	7.93
	Desviación típica	1.75	1.7	1.8	1.84	1.62	1.71	1.78	1.76	1.73
**HBSC Edición 2006 (Andalucía)	Media	8.03	8.04	8.02	8.08	7.52	8.07	8	8.04	8.01
	Desviación típica	1.76	1.74	1.77	1.83	1.62	1.66	1.83	1.77	1.74
Presente investigación (Tesis Doctoral)	Media	8.29	8.50	8.09	8.335	8.225	8.36	8.26	8.34	8.24
	Desviación típica	1.87	1.806	1.915	1.907	1.804	1.858	1.878	1.960	1.752

Fuente:* Moreno, Rivera, Ramos y cols. (2008) y ** Moreno, Muñoz, Pérez y cols. (2008).

4.4.2. Análisis de la percepción de salud. Clasificación por edad y países

La salud de los sujetos determina que los andaluces de la presente investigación son los que menor número de molestias experimentan semanalmente, el 19.3% afirma sentir malestar al menos una vez por semana, por debajo del 32% de la media europea y del 40.4% de los españoles de 13 años. Los que reconocen malestar con mayor frecuencia son los griegos (48.3%), quedando los estadounidenses en un lugar intermedio (37.1%). A los 15 años se incrementan todos estos porcentajes, y los sujetos reconocen un deterioro de su salud. Los mayores aumentos los contabilizan los andaluces (25%), griegos (54%), italianos (50.4%) y franceses (35.1%) (Figura 28).

Del tránsito del 2002 al 2006 se producen altibajos en la salud de los adolescentes, tanto a los 13 como a los 15 años. En el primer grupo de edad la media europea, comparado con el HBSC 2002, es una décima más elevada, quedando instaurada en el 33%. Para

España, la cifra es del 32.5%, y la más elevada de todas es para Italia (47%). En este mismo estudio, al pasar de los 13 a los 15 años, todos los países analizados han incrementado su percepción de malestar. En Europa se llega al 37% cuando los adolescentes reconocen dolencias al menos una vez por semana, para España el dato es del 35%, el mayor repunte es para los estadounidenses (45.5%) y la cota más alta es para los italianos (52.5%). En Andalucía los datos son los mismos que en la comparativa anterior, del 19.3% a los 13 años y del 25% a los 15 (Figura 28).

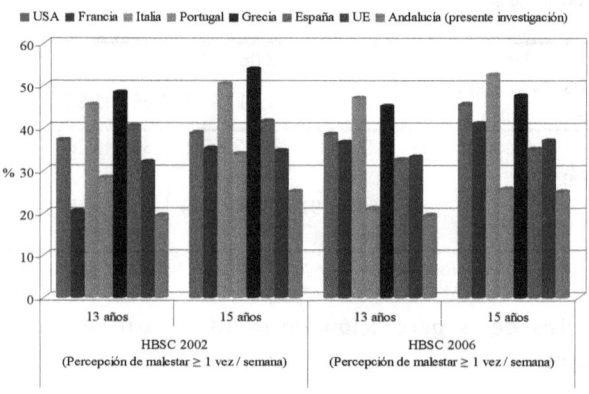

Figura 28. Comparativa entre la percepción de salud de la presente investigación y los estudios HBSC 2002 y 2006. Clasificación por edad y países.

5. RESULTADOS RELACIONADOS CON LA IMAGEN CORPORAL

Questionnaire about body image and weight control (Mulvihill, Németh y Vereecken, 2004). Cuestionario sobre la imagen corporal.

Su objetivo es obtener información sobre la imagen del cuerpo, así como conocimiento del peso y talla del encuestado. Lo componen 4 ítems, dos de ellos con una escala de 4 y 5 opciones de respuesta, en los dos restantes se solicita información específica sobre peso y talla.

1.- Piensas que tu cuerpo es.

Escala de respuesta: 1 = demasiado delgado, 2 = un poco delgado, 3 = con la talla correcta, 4 = un poco gordo y 5 = demasiado gordo.

2.- En el presente, ¿estás a dieta o haciendo algo para perder peso?

Escala de respuestas: 1 = no, porque estoy delgado, 2 = no, mi peso es correcto, 3 = no, pero yo debería perder algo de peso y 4 = sí.

Información sobre la altura y el peso de cada estudiante (estos datos fueron usados para calcular el IMC de los entrevistados).

3.- ¿Cuánto pesas sin ropa?

4.- ¿Cuánto mides sin zapatos?

De los resultados obtenidos del presente cuestionario se obtuvo un coeficiente de fiabilidad de Cronbach de 0.824.

5.1. Grado de satisfacción adolescente con su físico en función de la opinión que tienen acerca de su cuerpo

5.1.1. Resultados generales

La opinión del alumnado en referencia a la imagen corporal ofrece una media de 3.18 y una desviación típica de 0.823. Porcentualmente, el valor máximo (46.7%) corresponde a los que afirman que están con la talla correcta y el valor mínimo (2.3%) a los que se ven algo delgados (Figura 29).

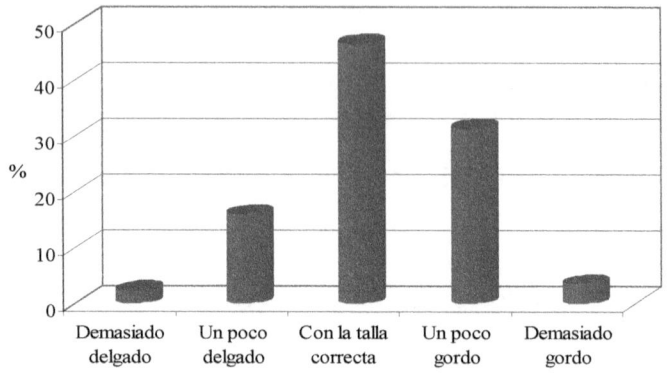

Figura 29. Resultados porcentuales generales de imagen corporal.

5.1.2. Opinión de los adolescentes en función de los factores más importantes

A continuación se presentan los resultados obtenidos a partir del análisis de frecuencias mediante Tablas de contingencia: Género, edad, tipo de centro, población, índice de masa corporal, morfotipo, nivel de actividad física, y nivel de salud.

5.1.2.1. Resultados por género

Las mujeres aglutinan valores superiores tanto en el mayor indicador de delgadez (2.7%) como entre los que se ven demasiado gordos (4.8%). Los que estiman que su cuerpo es un poco delgado son más frecuentes en los hombres (18.7%) que en las mujeres (13.4%). Los chicos además evidencian un mayor acomodo con su talla, percibiéndola como correcta en el 50.7% de los casos por el 42.7% de las chicas, siendo éstas últimas las que se ven un poco gordas en mayores proporciones (36.4%) que los varones (26.4%). Este análisis descriptivo se realizó mediante Tablas de contingencia, utilizando como prueba de contraste de varianzas el test de Chi-cuadrado, manifestando diferencias significativas ($p=0.000$) favorables a los varones.

5.1.2.2. Resultados por edad

La mayor parte de los sujetos estima que tienen una talla correcta. Dentro de este colectivo el 47.4% lo percibe a los 13 años, el 48.6% a los 14, el 44.2% a los 15 y el 46.2% a los 16 años. Valores próximos al 30-33% son los que consideran que están un poco gordos, adquiriendo mayor importancia este aspecto a los 15 años (33.5%). De los que estiman estar muy gordos las cifras nunca llegan al 4%. En el lado opuesto tenemos los que se perciben como delgados donde los de 16 años son los más representados (17.4%).

5.1.2.3. Resultados por tipo de centro

El 48.1% de los sujetos de los centros públicos se percibe con la talla correcta por el 44.9% de los privados, localizándose en este último grupo las mayores cifras de personas autoclasificadas como un poco gordas (32.8%) y demasiados gordas (4%). Es entre el conjunto de adolescentes de centros públicos donde el porcentaje de los que clasifican su cuerpo como un poco delgado es superior (16.5%) al de los privados, en un punto porcentual.

5.1.2.4. Resultados por población

Con el ambiente rural coincide las cotas más elevadas de sujetos que consideran que están en el peso correcto (49.5%) con cuatro puntos de ventaja con respecto a los urbanos (45.5%), los cuales a su vez creen que están un poco gordos en el 33% de los casos y el 3.6% se ve demasiado gordo. Los rurales incrementan su porcentaje (17.6%) con respecto a los urbanos (15.4%) cuando se clasifican como un poco delgados.

5.1.2.5. Resultados por índice de masa corporal

Tras la prueba de contraste de varianzas Chi-cuadrado se aprecian diferencias significativas ($p=0.000$) favorables a los sujetos con normopeso. Como cabría esperar el porcentaje más elevado de los sujetos que afirman tener un peso correcto corresponde a los del grupo del normopeso (52.8%), muy por delante del sobrepeso (20.8%) y la obesidad (9.3%). Similar correspondencia se establece entre los que perciben que están un poco gordos, en relación al sobrepeso (70.8%), donde se reconocen las mayores cantidades, igual sucede con la obesidad y la consideración de gordos en exceso (20.4%).

5.1.2.6. Resultados por morfotipo

Según se puede apreciar en los datos, los sujetos que se ven demasiado delgados o un poco delgados coinciden con los ectomorfos (10.1 y 42.4%) en sus mayores dimensiones. El mayor número de personas que se estima con la talla correcta pertenece al grupo de los mesomorfos en un 63.2%, con lo que mediante la prueba de contraste de varianzas Chi-cuadrado se manifiestan diferencias significativas ($p=0.000$), favorables a éste último grupo. Las personas que están un poco gordas o demasiado gordas corresponden fundamentalmente a los endomorfos (66.6 y 11%).

5.1.2.7. Resultados por nivel de actividad física

Entre los sujetos activos e inactivos las mayores diferencias se localizan cuando se contabilizan los casos que están con la talla correcta, con porcentajes del 50.4 y 43.6% respectivamente, o bien cuando se tienen en cuenta las personas que se consideran un poco gordas, con cifras del 28.5 y 33.8% en sendos grupos. Este análisis descriptivo se realizó mediante Tablas de contingencia, utilizando como prueba de contraste de varianzas el test de Chi-cuadrado, manifestando diferencias significativas ($p=0.001$) favorables a los activos (Figura 30).

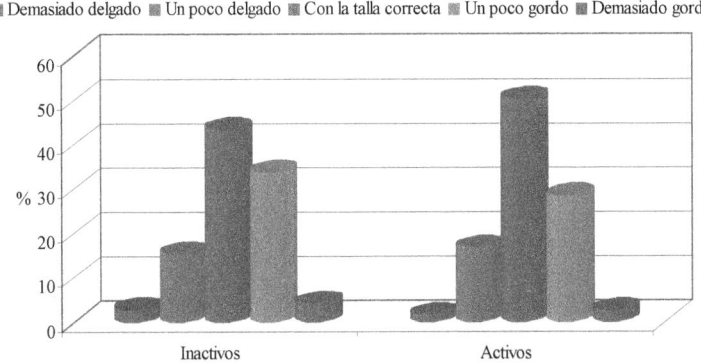

Figura 30. Resultados porcentuales de imagen corporal. Clasificación por nivel de AF [inactivos (n=1.256) y activos (n=1.034)].

5.1.2.8. Resultados por nivel de salud

Entre el colectivo de alumnos con una salud buena/excelente se ve incrementando de forma ostensible el porcentaje de sujetos con el peso correcto (49.8%), muy por encima de los que presentan valores de salud más reducidos (30.8%). La prueba de contraste de varianzas Chi-cuadrado determinó diferencias significativas (p=0.000) tendentes a los sujetos de salud positiva. Esta tendencia se invierte cuando se centra la atención en el grupo que afirma estar un poco gordo, donde los primeros suponen el 40% y los segundos el 29.7%. Estas diferencias se siguen manteniendo en el último tramo, al contabilizarse los adolescentes que se catalogan como demasiado gordos, con porcentajes del 9.5% para los de menor salud y del 2.4% para los más saludables.

5.2. Grado de satisfacción adolescente con su cuerpo en función del seguimiento de algún tipo de dieta como método para perder peso corporal

5.2.1. Resultados generales

La opinión del alumnado en referencia a la imagen corporal, relacionada con el seguimiento de dieta, ofrece una media de respuestas de 2.46 y una desviación típica de 0.957. Porcentualmente, el valor máximo (42.4%) corresponde a los sujetos que afirman no hacer dieta porque su peso es el correcto y el valor mínimo (14.9%) se relaciona con el grupo que no hace dieta por verse delgado (Figura 31).

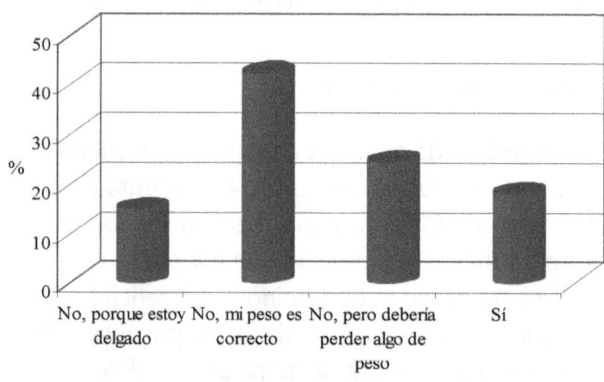

Figura 31. Resultados porcentuales generales de seguimiento de una dieta.

5.2.2. Opinión de los adolescentes en función de los factores más importantes

A continuación se presentan los resultados obtenidos a partir del análisis de frecuencias mediante Tablas de contingencia: Género, edad, tipo de centro, población, índice de masa corporal, morfotipo, nivel de actividad física, y nivel de salud.

5.2.2.1. Resultados por género

Las mujeres son las que secundan más una dieta (21.4%) en comparación con los hombres. Teniendo en cuenta las personas que no hacen dieta, pero que son conscientes de que deberían, el porcentaje de las chicas (28.2%) es superior al de los chicos (20.8%). Existen diferencias significativas ($p=0.000$), extraídas mediante la prueba de contraste de varianzas Chi-cuadrado, favorables a los varones. Son también los chicos los que tienden a verse en mayor medida con el peso correcto (48.2%), al igual que afirman, en proporciones más elevadas, no hacer dieta por estar algo delgados (16.1%), en relación a las chicas.

5.2.2.2. Resultados por edad

El mayor seguimiento de una dieta se encuentra en los 13 (19.4%) y en los 16 años (19.6%), entre medias se produce un descenso llegando al 16.6% a los 14 años y al 17.4% a los 15. La mayor parte de la gente dice no hacer dieta porque consideran que su peso es correcto. De este grupo los más numerosos son los de 14 años (44.9%). Por otro lado, hay quienes a pesar de no hacer dieta saben que deberían hacer algo para reducir su peso, aquí las cifras más importantes se atribuyen a los alumnos de 15 años (26.8%).

5.2.2.3. Resultados por tipo de centro

Quienes hacen dieta en mayor número son los escolares de centros privados (21.4%). Dentro de los que a pesar de no hacer dieta, son conscientes de su necesidad, mayoritariamente se encuentran los públicos (25%). Entre los adolescentes de colegios públicos el 44.7% no hace dieta por afirmar que su peso es correcto, por el 39.3% de los privados. Los valores más escuetos en ambos grupos corresponden a los sujetos que no hacen dieta porque están delgados (14.6 y 15.4%). Este análisis descriptivo se realizó mediante Tablas de contingencia, utilizando como prueba de contraste de varianzas el test de Chi-cuadrado, manifestando diferencias significativas ($p=0.008$) favorables a los públicos.

5.2.2.4. Resultados por población

El reparto muestral indica que los sujetos de localidades urbanas hacen más dieta (20.2%) que los de rurales (13.7%). Los porcentajes son casi idénticos cuando afirman no hacer dieta a pesar de su necesidad, con niveles del 24.8% para los rurales y del 24.4% para los urbanos. En cotas superiores se encuentran quienes defienden no hacer dieta por verse con el peso correcto. Aquí cobran ligera diferencia los rurales (47%) sobre los chicos de ciudad (40.4%). Entre el grupo de gente que no hace dieta por estar delgado las estimaciones son muy parecidas, rondando el 15% en ambos casos. Existen por tanto diferencias significativas ($p=0.004$), encontradas tras la aplicación de la prueba de contraste de varianzas Chi-cuadrado, favorables a los adolescentes de localidades rurales.

5.2.2.5. Resultados por índice de masa corporal

Tras la prueba de contraste de varianzas Chi-cuadrado se constatan diferencias significativas ($p=0.000$) favorables al alumnado con normopeso. El grupo de sujetos con normopeso es el que menos dieta hace (13%) si se compara con el sobrepeso (39.2%) y la obesidad (51.9%). De los que a pesar de no hacer dieta, consideran que sería recomendable, la mayor representación la obtienen los sobrepeso (44.8%), muy por delante del 20.9% de los normopeso. En cambio, para este último grupo la estimaciones se incrementan (48.5%) cuando los sujetos no hacen dieta al considerar que su peso es el idóneo, y algo parecido sucede cuando se ven delgados (17.6%), en ambas situaciones aventajan al sobrepeso y la obesidad (Figura 32).

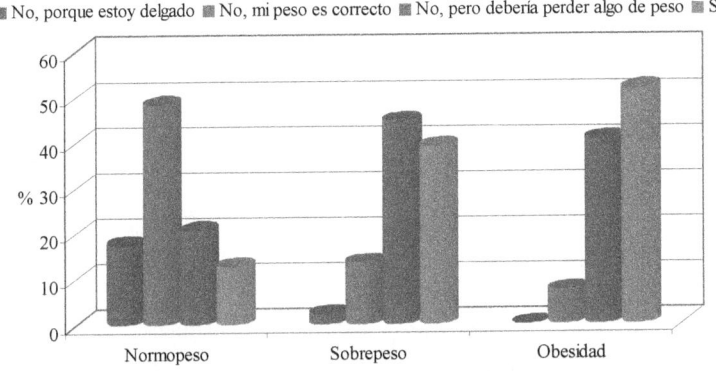

Figura 32. Resultados porcentuales de seguimiento de una dieta. Clasificación por IMC [normopeso (n=1.916), sobrepeso (n=212) y obesidad (n=162)].

5.2.2.6. Resultados por morfotipo

Es apreciable que el colectivo de alumnos que hace dieta en dimensiones más elevadas es el de endomorfos (38.3%), seguido muy de lejos por los mesomorfos (13.4%) y ectomorfos (4%). Cuando no hacen dieta, por entender que su peso es el adecuado, los mesomorfos cobran ventaja (56.2%), y en cambio cuando se aduce que habría que controlar el peso vuelven a ser los endomorfos los más numerosos (44.6%). Este análisis descriptivo se realizó mediante Tablas de contingencia, utilizando como prueba de contraste de varianzas el test de Chi-cuadrado, manifestando diferencias significativas ($p=0.000$) a favor de los mesomorfos.

5.2.2.7. Resultados por nivel de actividad física

Los sujetos activos son los que consideran que su cuerpo es correcto en mayor número, por eso no hacen dieta en proporciones superiores (45.7%) a los inactivos (39.5%), siendo éstos últimos los que con un 15.6% no hacen dieta por estar delgados. Los resultados se comprimen al contabilizar las respuestas de los que sí hacen dieta, con un 18.3% para inactivos y un 18.1% para los activos. De hecho, tras aplicar la prueba de contraste de varianzas Chi-cuadrado, se registraron diferencias significativas ($p=0.032$) favorables a los sujetos activos (Figura 33).

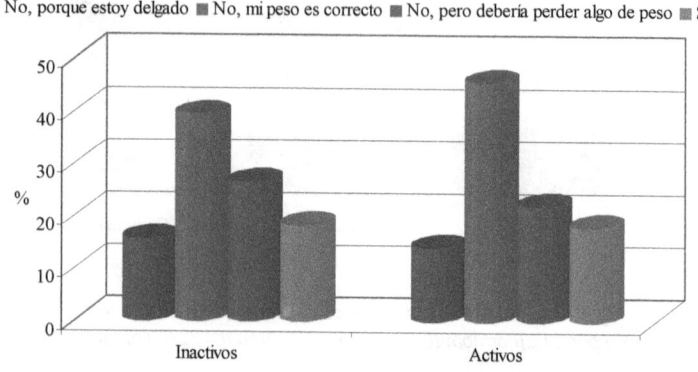

Figura 33. Resultados porcentuales de seguimiento de una dieta. Clasificación por nivel de AF [inactivos (n=1.256) y activos (n=1.034)].

5.2.2.8. Resultados de Tablas de contingencia por nivel de salud

La totalidad de respuestas emitidas por los participantes se analizaron con la prueba de contraste de varianzas Chi-cuadrado, evidenciándose diferencias significativas ($p=0.000$) favorables a los sujetos de salud más fuerte. La preocupación por hacer dieta se hace más notoria entre los que perciben su salud más deficitaria (22.4%) que los más fortalecidos (17.4%), los cuales a su vez se alejan de la dieta, por tener un peso correcto, en mayores proporciones (45.3%) que el grupo menos saludable (27.3%). A pesar de no hacer dieta quienes más concienciados están de su necesidad son los de salud pobre (32.3%).

6. ANÁLISIS DE LA IMAGEN CORPORAL EN LA ADOLESCENCIA DESDE DIFERENTES PERSPECTIVAS

Un número considerable de estudiantes de la escuela secundaria pública presentan cotas bajas o modestas de satisfacción con su imagen corporal (Valois, Umstattd, Zullig y Paxton, 2008). Mientras que en los chicos la mayor puntuación se corresponde con las dimensiones de fuerza y condición física, para las chicas es el atractivo corporal, el peso y la condición física (Hellín Rodríguez, 2007). Según los datos arrojados por nuestro estudio, la opinión del alumnado en referencia a la imagen corporal ofrece una media de 3.18 y una desviación típica de 0.82. Porcentualmente, el valor máximo (46.7%) corresponde a los que afirman que están con la talla correcta y el valor mínimo (2.3%) a los que se ven algo delgados. Cuando a los alumnos se les pregunta si hacen algo para controlar su peso la postura de los entrevistados ofrece una media de respuestas de 2.46 y una desviación típica de 0.96. El valor máximo (42.4%) corresponde a los sujetos que afirman no hacer dieta porque su peso es el correcto y el valor mínimo (14.9%) se relaciona con el grupo que no hace dieta por verse delgado.

En un estudio llevado a cabo por Gálvez Casas (2004), sobre adolescentes murcianos, se extrajeron como resultados fundamentales que una percepción positiva de la competencia motriz aumenta de forma significativa los niveles de AF habitual en los adolescentes de ambos sexos. También se ha comprobado como se reduce el nivel de AF con el paso de los años, lo cual se relaciona a su vez con una opinión más desfavorable de sí mismo.

Fox (1988) elaboró un programa de autoestima según el cual la percepción que cada sujeto tiene de su propia habilidad motriz es uno de los aspectos que más condiciona la práctica deportiva. En este sentido, González y Ríos (1999) afirman que los niños que practican AF, en comparación con los inactivos, tienen una mayor autoestima y una mejor conducta. Es decir, los que hacen AF reflejan estados de ánimo más positivos que los sedentarios. Para

Torre (1998) la autoestima física percibida por el alumnado es el predictor más claro de la práctica físico-deportiva.

6.1. Imagen corporal en función del género

Se ha demostrado repetidamente que los niños tienen un mayor autoconcepto físico que las niñas. Dado el carácter masculino de la AF y el deporte, este resultado parece razonable (Schmalz y Krahnstoever, 2006). Estos hallazgos coinciden con los encontrados por Hellín Rodríguez (2007) donde se afirma que los chicos puntúan más alto que las chicas en condición física, competencia deportiva y atractivo físico. Coherentes también con Goñi y Zulaika (2000), Hageer y cols. (2005) y Moreno y cols. (2005), manteniéndose la tendencia anterior, donde las mujeres registran menos puntuaciones en competencia deportiva, condición física y fuerza (Asçi y cols., 2005; Welk y Eklund, 2005), atractivo corporal (Maiano y cols., 2004) y en autovaloración física global (Asci y cols., 2005; Welk y Eklund, 2005). Estas posturas coinciden con nuestra investigación, donde las mujeres aglutinan valores superiores tanto en el mayor indicador de delgadez (2.7%) como entre los que se ven demasiado gordos (4.8%). Los que estiman que su cuerpo es un poco delgado son más frecuentes en los hombres (18.7%) que en las mujeres (13.4%). Los chicos además evidencian un mayor acomodo con su talla, percibiéndola como correcta en el 50.7% de los casos por el 42.7% de las chicas, siendo éstas últimas las que se ven un poco gordas en mayores proporciones (36.4%) que los varones (26.4%). Este análisis descriptivo se realizó mediante Tablas de contingencia utilizando como prueba de contraste de varianzas el test de Chi-cuadrado, manifestando diferencias significativas ($p=0.000$) favorables a los varones.

En cambio, Moreno y cols. (2005) en un estudio con estudiantes de 10, 11 y 12 años, obtuvieron resultados en los que se constaba que las chicas tenían mayores niveles de autopercepciones en apariencia física (Martínez López, Lara y Moral, 2009b) y fuerza que los chicos, aunque la competencia deportiva era más alta entre los varones. Por su parte, Blasco y cols. (1996) aseveraban que las mujeres están más interesadas por todo lo relacionado con la estética y la imagen corporal. Se predijo que los niños y niñas que participan en deportes transversales de género, actividades tradicionalmente relacionadas con el sexo opuesto, tienen un mayor autoconcepto físico que los chicos que participan en deportes catalogados socialmente como propios de su género. Los resultados obtenidos apoyan parcialmente esta hipótesis. Por tanto, los jóvenes que participaron en ambos tipos de deporte lograron mayor autoconcepto físico en varios subdominios que el resto que participaba en los deportes estereotipo. El número de dominios en los que este resultado fue significativo es más pronunciado para los niños, que experimentaron mayor autoconcepto físico en seis subdominios en comparación a las niñas que experimentaron mayor autoconcepto físico en un subdominio. Por tanto, es más común ver a una niña participar en una actividad tradicionalmente clasificada para niños, que a la inversa (Schmalz y Krahnstoever, 2006).

La autoestima física puede ser mejorada durante la adolescencia (para niños y niñas) a través de la participación deportiva. Los beneficios para la salud de los deportes, como el aumento de potencia aeróbica, el aumento de la fuerza muscular, y la disminución de la obesidad han sido claramente demostrados. Según Koivula (1999), las personas que participan en deportes tienen una percepción más positiva de la imagen corporal que los individuos que no participan (Bowker, 2006).

Debido a la mayor actividad de los varones, puesto que participan en más actividades y deportes que las mujeres, es frecuente que los chicos informen de niveles de satisfacción con su imagen corporal más positivos que las chicas, sobre todo en la adolescencia. Siguiendo con este razonamiento, hay que decir que se encontraron menos diferencias por sexo de lo esperado. Por tanto, las niñas no perciben su imagen corporal más deteriorada que los niños, no viéndose afectada por esta circunstancia su autoestima o competencia física. El hecho de que las niñas experimenten menos satisfacción positiva, está en consonancia con estudios de otros autores, y es que aún en nuestros días hay quienes piensan que el deporte suele favorecer más a los niños, siendo considerado todavía por muchos como una actividad masculina, haciendo hincapié en los rasgos tales como la competitividad y la dominación (Bowker, 2006). En consonancia con estos posicionamientos, nuestros resultados evidencian que las mujeres son las que secundan más una dieta (21.4%) en comparación con los hombres, teniendo en cuenta las personas que no hacen dieta, pero que son conscientes de que deberían, el porcentaje de las chicas (28.2%) es superior al de los chicos (20.8%). Existen diferencias significativas ($p=0.000$), extraídas mediante la prueba de contraste de varianzas Chi-cuadrado, favorables a los varones. Son también los chicos los que tienden a verse en mayor medida con el peso correcto (48.2%) al igual que estiman en proporciones más elevadas que no hacen dieta por estar algo delgados (16.1%), en relación a las chicas, por tanto éstas últimas tienen una peor imagen corporal.

Los resultados del estudio de Goñi, Ruiz y Rodríguez (2004) constatan que las chicas mantienen, durante la preadolescencia, percepciones inferiores a las de los chicos en todas las dimensiones del autoconcepto, lo cual posiblemente no es más que un reflejo fiel de la presión social mucho más exigente en la mujer que en el hombre. Estos datos concuerdan con el estudio Hellín Rodríguez (2007) donde las chicas se encontraban más presionadas, estando su autoestima relacionada con la apariencia física. Existe un prototipo de delgadez socialmente aceptado que se presenta como símbolo de belleza y atractivo físico, y aparece asociado a otros valores y virtudes como el éxito. Dicho prototipo es el que más presión ejerce sobre el colectivo femenino, lo cual incrementa su preocupación por el peso, como forma de mejorar la apariencia y la imagen física.

6.2. Imagen corporal en función del nivel de actividad física

Respecto a la relación existente entre la imagen corporal de las personas y la participación en actividades físico-deportivas existe una correlación negativa. Por tanto, los adolescentes que tienen menores niveles de autoestima coinciden con los más inactivos. Las mayores reducciones en la AF se producen durante adolescencia. Por ejemplo, la participación en la AF vigorosa, por lo menos 20 minutos 3 veces por semana, disminuye del 69% entre los adolescentes con edades comprendidas entre 12-13 años, al 38% entre aquellos con edades 18-21 años (Centers for Disease Control and Prevention, 2003). De hecho, en nuestra investigación se comprobó como los sujetos activos son los que consideran que su cuerpo es correcto en mayor número, por eso no hacen dieta en proporciones superiores (45.7%) a los inactivos (39.5%), siendo estos los que con un 15.6% no hacen dieta por estar delgados. Los resultados se comprimen al contabilizar las respuestas de los que sí hacen dieta con un 18.3 y 18.1% para inactivos y activos respectivamente. Tras aplicar la prueba de contraste de varianzas Chi-cuadrado, se registraron diferencias significativas ($p=0.032$) favorables a los sujetos activos.

La práctica deportiva de los adolescentes puede estar influida por muchas variables, entre las cuales resalta la imagen corporal, entendida también como competencia motriz. Esta situación se puede comprender mediante los tres siguientes razonamientos: en primer lugar, cuando los individuos se colocan en situaciones en las que están obligados a cumplir las normas que le vienen impuestas (por ejemplo, pruebas de aptitud y/o participación en los deportes), perciben un bajo sentimiento de autorregulación, derivándose en aprensión hacia la actividad propuesta, reduciéndose su autoestima. Esto es muy importante sobre todo cuando se ponen metas muy elevadas, siendo vistas por los participantes como inalcanzables; en segundo lugar, cuando los adolescentes perciben que no son capaces de regular su participación en las actividades físicas tienen más problemas para percibir los beneficios derivados de su práctica, por lo que el disfrute con la tarea y las relaciones sociales con sus semejantes se ve disminuido. Por último, cuando se tiene poca autoestima se reduce la capacidad de mostrar las habilidades y capacidades de la persona, aflorando sentimientos negativos, de ansiedad y depresión (Valois, Umstattd, Zullig y Paxton, 2008).

En cuatro dimensiones del autoconcepto (habilidad física, condición física, fuerza y autoconcepto físico general) las percepciones de quienes practican deporte de forma habitual (tres o más días por semana) son superiores a las de quienes lo practican de forma esporádica (casi nunca o alguna vez por semana). No se observaron en cambio diferencias significativas, ni en percepción del atractivo físico ni en el autoconcepto general, entre practicantes esporádicos y habituales. En función del tipo de deporte practicado se observan diferencias significativas. Los sujetos fueron agrupados en tres categorías: quienes no practican ningún deporte (15.5%), quienes practican deporte tanto por libre como deporte escolar (64.5%) y quienes hacen deporte federado (20%). En todas las subescalas del autoconcepto físico (menos en el autoconcepto general) las puntuaciones más bajas son para el grupo que no practica deporte, y las más altas para el grupo que practica deporte federado, quedando en un lugar intermedio los que hacen deporte libre o escolar (Goñi, Ruiz y Rodríguez, 2004).

Del estudio de Gálvez Casas (2004) se puede concluir que los varones se sienten más competentes para la práctica físico-deportiva que las mujeres. Bajo la misma perspectiva, Hellín Rodríguez (2007) afirma que los alumnos que practican deporte extraescolar tienen mejores puntuaciones en el atractivo corporal, se perciben más competentes físicamente y con una mejor condición física que sus semejantes menos activos, certificándose estos resultados en estudios previos como los de Moreno y Cervelló (2005). Además, Pastor y Balaguer (2001) en una muestra de estudiantes valencianos encontraron que la imagen corporal de los sujetos mejora conforme aumenta su nivel de AF. Nuestra investigación corrobora estos datos, extraemos como resultados fundamentales que las mayores diferencias, entre sujetos activos e inactivos, se localizan cuando se contabilizan los casos que están con la talla correcta, con porcentajes del 50.4 y 43.6% respectivamente, o bien cuando se tiene en cuenta las personas que se consideran un poco gordas, con cifras del 28.5 y 33.8% en sendos grupos. Este análisis descriptivo se realizó mediante Tablas de contingencia, utilizando como prueba de contraste de varianzas el test de Chi-cuadrado, manifestando diferencias significativas ($p=0.001$) favorables a los activos.

En cambio, en el estudio de Molina (2007), llevado a cabo en universitarios valencianos, de 1er y 2º ciclo, en base a los resultados encontrados sobre la práctica de AF y autoestima, no se han hallado diferencias significativas entre quienes están físicamente activos y los que no lo están, así como en el análisis en función del nivel de práctica de AF, tanto en hombres como en mujeres. Por tanto, no se puede concluir que las personas que son más activas tienen elevada su autoestima. Buena parte de las investigaciones al respecto revelan que la autoestima no mejora mediante la realización de AF de forma regular (Fox, 2000).

6.3. Imagen corporal en función de la satisfacción con la escuela

Si se analiza la imagen corporal (estimada a través de IMC), en función del grado de satisfacción con la escuela, se determina que los mayores niveles de conformidad se localizan entre los sujetos obesos (16%), seguidos de los normopeso (14.3%) y sobrepeso (13.2%). La mayor negatividad, los que afirman que la escuela no les gusta nada, coincide con los adolescentes en situación de sobrepeso (10.8%), por delante de la obesidad (10.5%) y el normopeso (10%). Los mayores porcentajes de satisfacción con la escuela los registran los que aseguran que la escuela les gusta un poco, con cifras del 50.5% para el sobrepeso, del 49.4% para la obesidad y del 47.2% para el normopeso. La EF suscita experiencias distintas según cada persona, hay a quien jugar a deportes de equipo le produce sentimientos de frustración emocional, incrementándose su descontento con los programas de EF propuestos (Valois, Umstattd, Zullig y Paxton, 2008). El morfotipo de los sujetos y su relación con la satisfacción con la escuela determina que los endomorfos, con un 28.2%, tienen los mayores registros de insatisfacción, afirmando que la escuela no les gusta mucho, en cifras muy similares se encuentran los mesoformos (27.5%) y los endomorfos (27.2%). Los ectomorfos congregan el mayor nivel de insatisfacción con el 11.7% de los casos, evidenciando una actitud más favorable los endomorfos y mesomorfos, con el 15% de respuestas afirmando que la escuela les gusta mucho.

6.4. Imagen corporal en función del índice de masa corporal

La percepción que las personas hacen de su composición corporal varía en función de sexo. Así, entre las mujeres es más probable ($p<0.05$) que se perciban a sí mismas con sobrepeso en comparación con los estudiantes varones (46 vs. 26%). Por el contrario, los varones estiman que tienen un peso inferior al normal en proporciones más elevadas que las mujeres (25 vs. 7%) (Leenders, Sherman y Ward, 2003). Si se tienen en cuenta los informes del IMC de los sujetos, se puede apreciar que tan sólo el 15% de las estudiantes tenían sobrepeso u obesidad, pero el 47% de ellas se percibe con exceso de peso. Por otro lado, sólo el 3% de los estudiantes varones son catalogados con un peso inferior al normal, mientras que el 25% se percibe como inferior al normal. Estos resultados sugieren que hay problemas con la imagen corporal en una gran proporción de esta población de jóvenes. Este hecho no puede pasarse por alto, teniendo en cuenta que una imagen corporal desordenada puede conducir a trastornos alimentarios y a prácticas alimentarias no saludables (Killen y cols., 1996; Leenders, Sherman y Ward, 2003). Algo similar ocurre en la presente investigación cuando se relaciona el morfotipo de los sujetos con el seguimiento de dieta. Es apreciable que el colectivo de alumnos que hacen dieta en dimensiones más elevadas es el de endomorfos (38.3%), seguido muy de lejos por los mesomorfos (13.4%) y ectomorfos (4%). Cuando no hacen dieta, por entender que su peso es el adecuado, los mesomorfos cobran ventaja (56.2%), y en cambio cuando se aduce que habría que controlar el peso vuelven a ser los endomorfos los más numerosos (44.6%). Este análisis descriptivo se realizó mediante Tablas de contingencia, utilizando como prueba de contraste de varianzas el test de Chi-cuadrado, manifestando diferencias significativas ($p=0.000$) a favor de los mesomorfos. Tendencia similar experimenta el IMC, reflejada con la prueba de contraste de varianzas Chi-cuadrado, donde se constatan diferencias significativas ($p=0.000$) favorables al alumnado con normopeso. El grupo de sujetos con normopeso es el que menos dieta hace (13%) si se compara con el sobrepeso (39.2%) y la obesidad (51.9%).

Del estudio de Goñi, Ruiz y Rodríguez (2004) se deduce que la puntuación más alta en autoconcepto la aporta el grupo de personas delgadas, mientras que las que tienen normopeso presentan peores niveles; en cambio, cuando se analiza la fuerza, los sujetos con sobrepeso se perciben en cotas más elevadas. En la misma línea, nuestro estudio coincide con lo expuesto ya que tras la prueba de contraste de varianzas Chi-cuadrado se aprecian diferencias significativas ($p=0.000$) favorables a los sujetos con normopeso. Como cabría esperar el porcentaje más elevado de los sujetos que afirman tener un peso correcto corresponde a los del grupo del normopeso (52.8%), muy por delante del sobrepeso (20.8%) y la obesidad (9.3%). Similar correspondencia se establece entre los que perciben que están un poco gordos, en relación al sobrepeso (70.8%) donde se reconocen las mayores cantidades, e igual sucede con la obesidad y la clasificación como demasiado gordos (20.4%).

6.5. Comparativa entre la percepción sobre la imagen corporal de la presente investigación y los estudios HBSC 2002 y 2006

6.5.1. Análisis de las preguntas que contabilizan la percepción sobre la imagen corporal y el IMC del propio cuerpo. Clasificación por género, edad, población y tipo de centro

La percepción sobre el propio cuerpo está ubicada en porcentajes del 44-48% entre quienes estiman que tienen la talla correcta, tanto en los diferentes estudios HBSC como en la presente investigación. En el estudio HBSC 2006 de ámbito nacional es cuando se registran los mayores porcentajes (48%) (Tabla 13). Respecto al IMC, la media de los sujetos está en el normopeso, encontrándose el mayor nivel entre los andaluces de nuestra investigación, con un valor medio de 21.12 (Tabla 14).

Las diferencias por género determinan que los varones perciben su cuerpo con la talla correcta en cifras superiores a las mujeres. En cuanto a la evolución del género con el paso del tiempo se ha encontrado una mejora. Los chicos españoles del HBSC 2002 y 2006 que se valoran positivamente tienen porcentajes del 49.1 y 50.1% respectivamente, y en nuestro estudio ascienden hasta el 50.7%. En cambio, las chicas han constatado un descenso desde el 46.2% del estudio HBSC 2006 hasta el 42.7% de la presente investigación (Tabla 13). Analizando la composición corporal de los sujetos se ha visto como los chicos tienen un IMC superior al de las chicas, además se ha incrementado con el paso del tiempo, pasando del 20.88 para las chicas y el 20.17 para los chicos del estudio HBSC 2002, hasta el 21.37 y 20.88 en los andaluces de la investigación que nos ocupa (Tabla 14).

La imagen corporal de los adolescentes es superior entre los más jóvenes. Conforme se hacen mayores disminuye el porcentaje de los que afirman tener la talla correcta. Los datos no han experimentado cambios sustanciales entre el estudio HBSC 2002, donde el 46.6% de los varones perciben su cuerpo con la talla correcta, por el 44% de las mujeres, en comparación con nuestra investigación, con cifras del 48 y 45.2% (Tabla 13). El IMC de los sujetos siempre es superior en edades más avanzadas, contabilizándose registros superiores en los andaluces de este estudio, con una media de 20.86 a los 13-14 años y de 21.59 a los 15-16 (Tabla 14).

La percepción de la imagen corporal de los sujetos de centros rurales y urbanos es prácticamente idéntica, los estudios HBSC 2002 y 2006 de ámbito nacional otorgan ventaja a los adolescentes de localidades urbanas. En cambio, en el HBSC 2006 para Andalucía y en la presente investigación los más satisfechos con su cuerpo son los rurales (Tabla 13). Por su parte, la composición corporal determina que en las zonas urbanas los adolescentes tienen un IMC más elevado que en las rurales, tendencia que se invierte en nuestra investigación puesto que los rurales presentan un promedio de 21.44 y los urbanos de 21.11 (Tabla 14).

La pertenencia a un colegio privado se relaciona con dosis de satisfacción hacia su cuerpo más elevadas que los de centros públicos, con la excepción de los andaluces de nuestro estudio que registran valores superiores entre los públicos (48.1%) que en los privados (44.9%) (Tabla 13). El IMC es más elevado en los centros privados, en los estudios HBSC 2002 y 2006, y en nuestra investigación son los andaluces de ámbito público los que tienen más IMC, con valores medios de 21.33, en relación al 20.98 de los privados (Tabla 14).

Tabla 13. Resultados porcentuales de imagen corporal. Comparativa de los datos de la presente investigación con los estudios HBSC 2002 y 2006. Clasificación por género, edad, población y tipo de centro.

Tipo de estudio	Escala de respuesta	Total	Género		Edad		Población		Tipo de centro	
			Chico	Chica	13-14	15-16	Rural	Urbano	Público	Privado
*HBSC Edición 2002 (España)	Demasiado delgado	3.1	3.4	2.8	2.9	2.5	3.9	2.7	3.2	2.8
	Un poco delgado	16.2	10.4	12.1	15.1	15.5	16.2	16.2	16.4	15.8
	Con la talla correcta	45.7	49.1	42.3	46.6	44	45	46	45	46.9
	Un poco gordo				31.2	24.9	37.3	31.5	33.3	30.8	31.3	31.4	30.7
	Demasiado gordo				3.9	2.3	5.4	3.9	4.6	4.1	3.8	4	3.7
*HBSC Edición 2006 (España)	Demasiado delgado				2.7	3.1	2.4	2.7	2.7	2.6	2.9	2.7	2.9
	Un poco delgado				15.3	18.8	12.2	14.6	16.6	15.5	15.2	15.2	15.4
	Con la talla correcta				48	50.1	46.2	49.7	43.6	46.6	49	47.4	49.5
	Un poco gordo				30.5	25.4	35	29.2	33.3	32.1	29.4	31.3	28.4
	Demasiado gordo				3.5	2.6	4.2	3.9	3.7	3.3	3.6	3.4	3.7

		Demasiado delgado	2.3	2.6	2.1	1.9	2.1	2.6	2.1	2.4	2.1
**HBSC		Un poco delgado	15.1	18.8	11.8	14.1	19	14.8	15.4	15.9	13.3
Edición 2006		Con la talla correcta	44.2	45.3	43.2	44.9	39.6	44.7	43.8	41.7	49.9
(Andalucía)		Un poco gordo	31.9	27.1	36.3	28	35.3	32.6	31.5	33	29.5
		Demasiado gordo	2.6	1.7	3.4	3.9	2.3	2.5	2.7	2.8	2.3
		Demasiado delgado	2.3	1.9	2.7	2.15	2.55	1.9	2.5	1.9	2.8
Presente		Un poco delgado	16	18.7	13.4	15.3	14.1	17.4	15.4	16.5	15.5
investigación		Con la talla correcta	46.7	50.7	42.7	48	45.2	49.5	45.5	48.1	44.9
(Tesis		Un poco gordo	31.4	26.4	36.4	30.7	32	27.8	33	30.3	3.2
Doctoral)		Demasiado gordo	3.5	2.3	4.8	3.8	3.15	3.3	3.6	3.2	4

Fuente:* Moreno, Rivera, Ramos y cols. (2008) y ** Moreno, Muñoz, Pérez y cols. (2008).

Tabla 14. Resultados porcentuales de IMC. Comparativa de los datos de la presente investigación con los estudios HBSC 2002 y 2006. Clasificación por género, edad, población y tipo de centro.

Tipo de estudio	Escala de respuesta	Total	Género		Edad		Población		Tipo de centro	
			Chico	Chica	13-14	15-16	Rural	Urbano	Público	Privado
*HBSC Edición 2002 (España)	Media	20.52	20-88	20.17	20.05	20.97	20.46	20.55	20.22	20.67
	Desviación típica	3.32	3.53	3.07	3.25	30.8	3.31	3.28	3.31	3.32
*HBSC Edición 2006 (España)	Media	20.47	20.78	20.20	20.04	21.13	20.22	20.36	20.22	20.57
	Desviación típica	3.29	3.38	3.19	3.16	307	3.28	3.28	3.28	3.29
Presente investigación (Tesis Doctoral)	Media	21.12	21.37	20.88	20.86	21.59	21.14	21.11	21.23	20.98
	Desviación típica	3.08	4.01	3.57	3.85	3.67	3.66	3.86	3.63	4.01

Fuente:* Moreno, Rivera, Ramos y cols. (2008).

6.5.2. Análisis de la percepción de la imagen corporal. Clasificación por edad y países

A medida que se incrementa la edad de los sujetos aumenta el porcentaje de aquellos que no están contentos con su propio cuerpo, percibiendo su imagen corporal de forma más deteriorada. A los 13 años el 34.5% de los andaluces investigados coinciden con la afirmación anterior, por el 30% de los europeos. En cambio, los españoles del estudio HBSC 2002 tienen la peor imagen corporal de todas (36.7%). Los que mejor se perciben son los italianos (25.2%). A los 15 años el desencanto con el propio cuerpo aumenta en comparación con la anterior franja de edad, quedando la cifra en

Andalucía en el 36.7%, el 31.3% para Europa y el 38.4% en el caso de España. Dentro del grupo que más ha incrementado su percepción negativa, destacan los griegos (38.6%) (Figura 34).

En el estudio HBSC 2006 se observan niveles de malestar más elevados en ambos grupos de edad, en comparación al 2002. En el grupo de adolescentes de 13 años andaluces el 34.5% percibe su cuerpo como un poco/demasiado gordo, superior al 30% de Europa y al 33% de España. A los 15 años los andaluces siguen encabezando la lista con el dato más alto de los que estiman que su cuerpo no tiene la talla correcta, el porcentaje es del 36.7%, en el caso de los españoles del 36% y para Portugal del 36.5%. A nivel europeo la el dato es del 31%, por su parte los más contentos con su cuerpo son los portugueses (28.5%) (Figura 34).

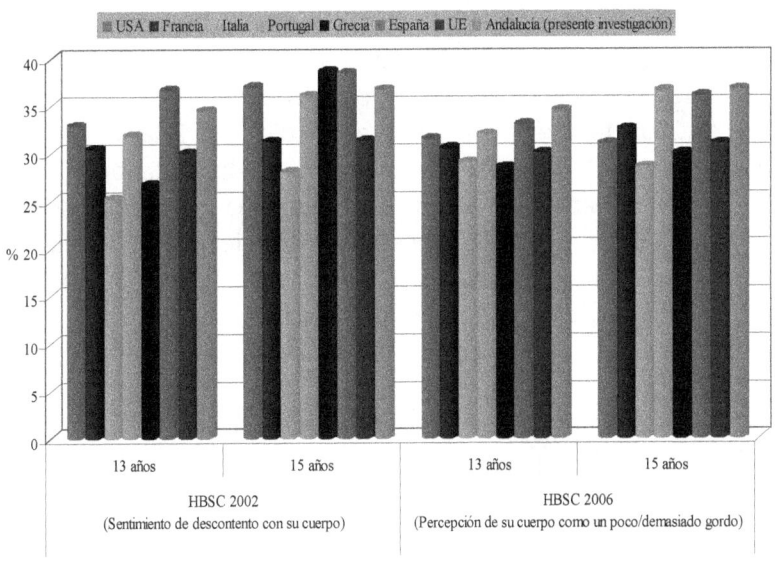

Figura 34. Comparativa entre la percepción de la imagen corporal de la presente investigación y los estudios HBSC 2002 y 2006. Clasificación por edad y países.

6.5.3. Análisis del índice de masa corporal. Clasificación por edad y países

En líneas generales el IMC experimenta un descenso conforme aumenta la edad de los sujetos. En el estudio HBSC 2002 el 11.8% de los europeos de 13 años tienen exceso de peso. Para los españoles esta cifra es del 18.2%. Por su parte, los andaluces del estudio que nos ocupa llegan al 17.8%, convirtiéndose en el tercer valor más elevado de esta clasificación. Los adolescentes de USA son los que tiene más sobrepeso (23%), y los que menos los franceses (11.3%). A los 15 años se reduce algo el IMC de los escolares, quedándose Andalucía en el 14% y España en el 15.7%. En cambio, Europa asciende hasta el 15.5% y en USA hasta el 27.2%. En cambio, son los franceses los que tienen menos exceso de peso (10.6%) (Figura 35).

En la mayor parte de los países estudiados en el 2006 se tiende a incrementar el IMC en relación a los datos de 2002. A los 13 años el 13% de los europeos presentan exceso de peso, por el 15% de los españoles o el 18% de los griegos. Respecto a la misma edad de 2002, también han subido este índice ponderal los griegos, portugueses e italianos, y casi un tercio de los estadounidenses (31%) tiene sobrepeso. El país que presenta una mejor composición corporal es Francia, donde el exceso de peso afecta al 10%. A los 15 años se vuelve a reducir algo el IMC respecto a los de 13 años, con la excepción de Portugal (17.5%) y Francia (11%). En Europa afecta al 13%, en España al 15% y en USA al 29.5% (Figura 35).

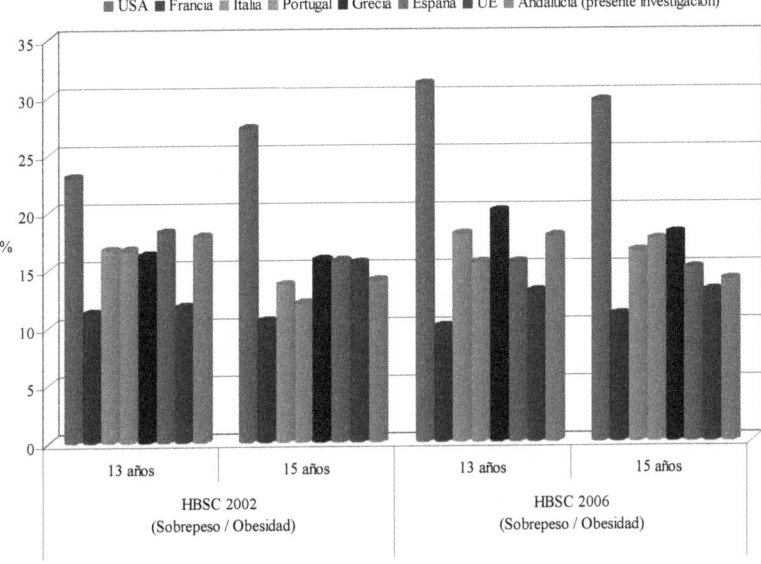

Figura 35. Comparativa entre el IMC de la presente investigación y los estudios HBSC 2002 y 2006. Clasificación por edad y países.

BIBLIOGRAFÍA

Academia America de Pediatría. (2001). Children, Adolescents and Television. Committee on Public Education. *Pediatric, 107*(2), 423-426.

Aranceta, J., Serra, L., Ribas, L., Foz, M., Pérez, C., Vioque, J. y cols. (2003). Prevalencia de la obesidad en España: resultados del estudio SEEDO 2000. *Medicina Clínica, 120* (16), 608-612.

Arruza, J.A., Arribas, S., Gil de Montes, L., Irazusta, S., Romero, S. y Cecchini, J.A. (2008). Repercusiones de la duración de la actividad físico-deportiva sobre el bienestar psicológico. *Revista Internacional de Medicina y Ciencias de la Actividad Física y el Deporte, 8*(30), 171-183.

Aznar, S. (1998). Enviromental and significant other`s influences on children`s physical activity behaviour. Tesis Doctoral. University of Bristol.

Bailey, R. (2006). Physical Education and Sport in Schools: a Review of Benefits and Outcomes. *The Journal of School Health. Kent, 76*(8), 397-402.

Bastos, A.A., González, R., Molinero, O. y Salguero, A. (2005). Obesidad, nutrición y actividad física. *Revista Internacional de Medicina y Ciencias de la Actividad Física y del Deporte, 18*.

Bercedo, A., Redondo, C., Pelayo, R., Gómez del Río, Z., Hernández, M. y Cadenas, N. (2005). Consumo de los medios de comunicación en la adolescencia. *An Pediatr, 63*(6), 516-525.

Biddle, S.J., Gorely, T., Marshall, S.J., Murdey, I., Cameron, N. (2004). Physical activiy and sedentary behaviour in youth: issues and controversies. *J R Health, 124*(1), 29-33.

Blair, S.M., Hohl, H.W. 3rd, Barlow, C.E., Paffenbarger, R.S. Jr, Gibbons, L.W. y Macera, C.A. (1995). Changes in physical fitness anda all-cause mortality: a porspective study of Realty and unhealhy men. *JAMA, 273*, 1093-1098.

Blasco, T. (1994). *Actividad física y salud.* Barcelona: Martínez Roca.

Boratia, A. (2008). Ejercicio, piedra angular de la prevención cardiovascular. *Rev Esp Cardiol, 61*(5), 514-528.

Cantera, M.A. (1997). Niveles de actividad física en la adolescencia. Estudio realizado en la población escolar de la provincia de Teruel. Tesis Doctoral. Universidad de Zaragoza.

Cantera, M.A. y Devís, J. (2002). La promoción de la actividad física relacionada con la salud en el ámbito escolar: implicaciones y propuestas a partir de un estudio realizado entre adolescentes. *Apunts: Educación Física y Deportes, 67,* 54-62.

Cantera, M.A., Devís, J. y Peiró, C. (2002). Niveles de actividad física en adolescentes ingleses y españoles: un estudio comparativo. *Actas del II Congreso de Ciencias del Deporte.* INEF: Madrid.

Casimiro, A.J. (1999). Comparación, evolución y relación de hábitos saludables y nivel de condición física-salud en escolares, entre final de educación primaria (12 años) y final de educación secundaria obligatoria (16 años). Tesis Doctoral. Universidad de Almería, Servicio de Publicaciones, D.L.

Caspersen, C.J., Pereira, M.A. y Curran, K.M. (2000). Changes in physical activity patterns in the Unites States, by sex and cross-sectional age. *Med Sci Sports Exerc, 32,* 1601-1609.

Castillo, I. y Balaguer, I. (1998). Patrones de actividades físicas en niños y adolescentes. *Apunts: Educación Física y Deportes, 54,* 22-29.

Ceballos, O. (2001). Actividad y condición física en escolares adolescentes de las ciudades de Zaragoza (España) y Monterrey (México). Tesis Doctoral. Ciencias de la Actividad Física y el Deporte. Zaragoza.

Centers for Disease Control and Prevention (CDCP). (2003). Prevalence of physical activity, including lifestyle activities among adults-United States-2000-2001. *Morbidity and Mortality Weekly Report, 52*(32), 764-769.

Chillón, P., Delgado, M, Tercedor, P. y Gónzalez-Grogs, M. (2002). Actividad físico-deportiva en adolescentes. *Retos, 3.*

Coe, D.P., Pivarnik, J.M., Womack, C.J., Reeves, M.J. y Malina, R.M. (2006). Effect of physical education and activity levels on academic achivement in children. *Medicine and Science in Sports and Exercise, 38*(8), 1515-1519.

Consejería de Educación. (2009). *Estadística de la Educación en Andalucía Curso 2008-2009. Educación Secundaria. Datos generales.* Unidad Estadística. Servicio de estadísticas de la Consejería de Educación de la Junta de Andalucía.

Cordente, C.A. (2006). Estudio epidemiológico del nivel de actividad física y de otros parámetros de interés relacionados con la salud bio-psico-social de los alumnos de E.S.O. del municipio de Madrid. Tesis doctoral. Universidad de Castilla la Mancha.

Costa, M. y López, E. (2000). Educación para la salud: una estrategia para cambiar los estilos de vida. Madrid: Pirámide.

Currie, C., Roberts, C., Morgan, A., Smith, R., Settertobulte, W., Samdal, O. y Barnekow Rasmussen, V. (2004). Young people's health in context. Health Behaviour in School-aged Children (HBSC) study: international report from the 2001/2002 survey. World Health Organization.

Devís, J., Peiró, C., Pérez, V., Ballester, E., Devís, F., Gomar, M.J. y Sánchez, R. (2000). *Actividad física, Deporte y Salud.* Barcelona: Inde.

Falkner, N.H., Neumark-Sztainer, D., Story, M., Jeffery, R.W., Beuhring, T. y Resnick, M.D. (2001). Social, educational, and psychological correlates of weight status in adolescents. *Obesity Research, 9,* 32-42.

Foster, GD., Wadden, TA., Makris, AP., Davidson, D., Sanderson, SR., Allison, DB. y Kessler, A. (2003). Primary care physican´s attitudes about obesity and its treatment. *Obes. Res., 11,* 1168-1177.(Revis: 18-11-05).

Fox, K.R. (2000). The effects of exercise on self-perceptions and self-esteem. En S. Biddle, K.R. Fox y S.H. Boutcher (Eds.), *Physical activity and psychological well-being* (pp. 88-117). New York: Routledge.

García Ferrando, M. (1993). *Tiempo libre y actividades deportivas de la juventud en España.* Madrid: Ministerio de Asuntos Sociales.

Gavarry, O., Giacomoni, M., Bernard, T., Seymat, M. y Falgairette, G. (2003). Habitual physical activity in children and adolescents during school and free days. *Medicine ans Science and in Sport and Exercise, 35*(3), 525-531.

Generelo, E. (2004). El paso de la educación primaria a secundaria. Un momento de crisis. *Actas de congreso. El deporte escolar desde la perspectiva municipal.* Patronato Municipal de Deportes. Huesca.

Gibbons, S.L. y Humbert, L. (2008). What are moddle-school girls looking for in physical education? *Canadian Journal of Education, 31*(1), 167-20.

González-González, A., Rubio, M.A. y Marañes, J.P. (2007). Hábitos dietéticos y actividad física en el tiempo libre en sujetos con exceso ponderal. *Endocrinol Nutr, 54*(5), 241-248.

Guallar-Castillón, P., Banegas, J.R., García, M.J., Gutiérrez-Fisac, J, López, E. y Rodríguez-Artalejo, F. (2002). Asociación de la enfermedad cardiovascular con el sobrepeso y la obesidad en España. *Medicina Clínica, 118*(16), 616-618.

Hancox, R.J. y Poulton, R. (2006). Watching televisión is associated with childhood obesity: But is it clinical important? *Int J Obes, 30*(1), 171-175.

Hu, FB. y cols. (2003). Televisión watching and other sedentary behaviors in relation to risk of obesity and type 2 diabetes mellitius in women. *JAMA, 289,* 1785-1791.

Instituto de investigación sobre el crecimiento y desarrollo. (2004). *Curvas y tablas de crecimiento (Estudio longitudinal y transversal)*. Fundación Faustino Orbegozo Eizaguirre: Bilbao.

Jago, R., Anderson,, C.B., Baranowki, T. y Watson, K. (2005). adolescent patterns of physical activity differences by gender, day and time of day. *Am J Prev Med, 28*(5), 447-452.

Johson, R.K. (2001). Energía. En: Mahan, K. Escou-Stump (ed). Nutrición y dietoterapia de de Krause. México: *Mc Graw Hill Interamericana*, 20-32.

Kamarudin, K. y Omar-Fauzee, M.S. (2007). Attitudes Toward Physical Activities Among College Students. *Pakistan Journal of Psychological Research, 22*(1/2), 43-55.

Kautiainen, S., Koivusilta, L, Lintonen, T., Virtanen, S.M., Rimpela, A. (2005). Use of information and comunication technology and prevalence of overweight and oebsity hmong adolescents. *Int J Obes, 29*(8), 925-933.

Labayen, I., Rodríguez, C. y Martínez, J.A. (2002). *Nutrición y obesidad. Alimentos y nutrición en la práctica sanitaria*. Pamplona: Navarra, S.L., 375-392.

Lasheras, L., Aznar, S., Merino, B. y López, E.G. (2001). Factors associated with physical activity hmong spanish young through the nacional Elath Surrey. *Preventive Medicine, 32*(6), 455-464.

López-Fontana, C.M., Martínez-González y Martínez, J.A. (2003). Obesidad, metabolismo energético y medida de la actividad física. *Rev. Esp. Obes., 1*(1), 29-36.

Madanat, H. y Merrill, R.M. (2006). Motivational factors and stages of change for physical activity among college students in Amman, Jordan. *Promotion & Education, 13*(3), 185-194.

Márquez, S., Abajo, S. y Rodríguez Ordax, J. (2003). Actividad física y deportiva del alumnado de educación secundaria obligatoria en el municipio de Avilés. *Revista de Educación Física: Renovar la teoría y práctica*, (91), 11-16.

Marshall, S.J., Biddle, S.J., Gorely, T., Cameron, N. y Murdey, I. (2004). Relationships between media use, body fatness and physical activity in children and youth: a meta-analysis. *Int J Obes Relat Metab Disord, 28*(10), 1238-1246.

Martínez, J.A. (2000). Body-weight regulation: causes of obesity. *Proc Nit Soc, 59,* 337-345.

Martínez Gónzalez, M.A., Sánchez Villegas, A., Martínez Hernández, J.A., Varo Zenarrubeitia, J.J., Irala Estévez, J. y Gibney, M.J. (2003). Actitudes y prácticas en actividad física: situación en España con respecto al conjunto europeo. *Atención Primaria: Publicación Oficial de la Sociedad Española de la Familia y Comunitaria, 31*(2), 77-86.

Martínez González, M.A., Varo, J.J., Santos, J.L., De Irarla, J., Gibney, M., Kearny, J. y Martínez, J.A. (2001). Prevalence of physical activity level of Spanish adolescents. The AVENA study. *BMC Health Exerc, 33*(7), 1142-1146.

Martín Matillas, M. (2007). Nivel de actividad física y de sedentarismo y su relación con conductas alimentarias en adolescentes españoles. Tesis Doctoral. Granada: Editorial de la Universidad de Granada.

Mendoza, R. (1995). Situación actual y tendencias en los estilos de vida del alumnado. *Primeras Jornadas de la Red Europea de escuelas promotoras de la salud en España.* Granada.

Mendoza, E., Batista, J.M., Ságrera, M.R. (1994). *Conductas de los escolares españoles relacionadas con la salud (1986-1990).* Madrid: C.S.I.C., D.L.

Ministerio de Sanidad y Consumo. (2006). Datos básicos de la salud y los servicios Sanitarios en España 2003. (Recuperado en Enero de 2003). http://www.msc.es/estadEstudios/estadísticas/docs/Datos básic os salud pdf.

Miquel Salgado-Araujo, J.L. (1998). Revisión de la literatura actual sobre la continuidad del

Montero, I. y León, O.G. (2007) A guide For naming research studies in Psychology. *International Journal of Clinical and Health Psychology, 7*(3), 847-862.

Montil, M., Barriopedro, Mª. I. y Oliván, J. (2005). El sedentarismo en la infancia. Los niveles de actividad física en niños/as de la comunidad autónoma de Madrid. *Apunts: Educación Física y Deportes, 4º trimestre,* 5-11.

Moreno, J.A. y Cervelló, E. (2005). Physical Self-Perception in Spanish Adolescents: Gendeer and Involvement in Physical Activity Effects. *Journal of Human Movement Studies, 48,* 291-311.

Moreno, M.C., Muñoz, M.V., Pérez, P.J. y Sánchezn Quejia, I., Granado, Mª.C., Ramos, P. y Rivera, F. (2008). *Los adolescentes españoles y su salud. Un análisis en chicos y chicas de 11 a 17 años.* Universidad de Sevilla. Ministerio de Sanidad y Consumo.

Moreno, C., Rivera, F., Ramos, P., Jiménez, A., Muñoz, V., Sánchez, I. y Granado, Mª.C. (2008). *Estudio Health Behaviour in School Aged Childrenn (HBSC: Análisis comparativo de los resultados obtenidos en 2002 y 2006.* Universidad de Sevilla.

Mulvihill, C., Németh, A. y Vereecken, C. (2004). Body image, weight control and body weight. *Word Health Organization, 4,* 120-129.

National Association for Sport and Physical Education (NASPE). (2005). Is it physical education or physical activity? *NASPE position statement. Strategies, 19*(2), 33-34.

Nortes Checa, A. (1991). *Estadística y teoría aplicada.* España: Promociones y Publicaciones Universitarias, PPU.

Ogden, C.L., FlegalL, K.M., Carroll, M.D. y Jonhson, C.L. (2002). Prevalence and trends in overweight among US children and adolescents, 1999-2000. *Journal of the American Medical Association, 288*(14), 1728-1732.

Ramos, M.M., Moreno, M.M., Valdés, B. y Catena, A. (2008). Criteria of the peer review for publication of experimental and quasi-experimental research in Psychology: A guide for creating research papers. *International Journal of Clinical and Health Psychology, 8*(3), 751-764.

Riddoch, C,J., Andersen, L., Weddeerkopp, N., Harro, M., Klasson-Heggebo, L., Sardinha, L.B., Cooper, A.R. y Ekelund, U. (2004). Physical activity levels and patterns of 9 and 15 years old European children. *Medicine and Science in Sport and Execise, 36*(1), 86-92.

Robbins, L.B., Wu, T., Sikorskii, A. y Morley, B. (2008). Psychometric Assessment of the Adolescent Physical Activity Perceived Benefits and Barriers Scales. *Journal of Nursing Measurement, 16*(2), 98-113.

Rodríguez Ordax, J., Márquez, S. y Abajo, S. (2006). Sedentarismo y salud: Efectos beneficiosos de la actividad física. *Apunts: Educación Física y Deportes,* (83), 12-24.

Román, B., Serra, L., Ribas, L., Pérez-Rodrigo, C. y Aranceta, J. (2006). Actividad física en la población infantil y juvenil española en el tiempo libre. Estudio enkid (1998-2000). *Apunts: Medicina de L`Esport, 151,* 86-94.

Sacco, R. L. (2001). Newer risk factors for stroke. *Neurology, 57*(5 Suppl 2), 31-4.

Sallis, J.F., Prochaska, J.J. y Taylor, W.C. (2000). A review of correlates of physical activity of children and adolescent. *Medicine and Science in Sport and Exercise, 32*(5), 963-975.

Samdal, O., Tynjala, J., Roberts, C., Sallis, J.F., Villigerg, J. y Wold, B. (2007). Trends in vigorous physical activity and TV watching of adolescents from 1986 to 2002 in seven european countries. *European Journal of Public Health, 17*(3), 242-248.

Sánchez Villegas, A., Martínez, M.A., Toledo, E., de Irala, J. y Martínez, J.A. (2002). Influencia del sedentarismo y el hábito de comer entre horas sobre la ganancia de peso. *Medicina Clínica, 119*(2), 46-52.

Serra Puyal, J.R. (2008). Factores que influencian la practica de la actividad física en la población adolescente de la provincia de Huesca. Tesis Doctoral no publicada. Huesca: Universidad de Zaragoza.

Sheldon, A.W., Stevens, S.S. y Tucker, W.B. (1940). *Varietes of human phisique*. New York: Harpers Brothers.

Sjolie, A.N. y Thuen, F. (2002). School journeys and leisure activities in rural and urban adolescents in Norway. *Health Promotion International, 17*(1), 21-30.

Suárez, S. (2002). La formación universitaria para el tiempo libre. Caso de la facultad de turismo de la Universidad Nacional de Comahue (Argentina). Argentina: Facultad de turismo de la Universidad Nacional de Comahue.

Suminski, R.R. y Petosa, R. (2002). Stages of change among ethnically diverse college students. *Journal of American College Health, 51*(1), 26-31.

Taylor, W.C., Blair, S.N., Cummings, S.S., Wun, C.C. y Malina, R.M. (1999). Childhood and adolescent physical activity patterns and adult physical activity. *Medicine and Science in Sport and Exercise, 31*(1), 118-123.

Te Velde, S.J., De Bourdeaudhuij, I., Thorsdottir, I., Rasmussen, M., Hagstromer, M., Klepp, K.L. y cols. (2007). Patterns in sedentary and associations with overweight in 9-14 years-old and girls-a cross-sectional study. *BMC Public Health, 7*, 16.

Tercedor, P. (2001). *Actividad fisica, condicion fisica y salud*. Sevilla: Wanceulen.

Tercedor, P. y Delgado, M. (1998). El sedentarismo en los escolares: Estudio en población de 5º curso de Educacion Primaria. *Actas del Segundo Congreso Internacional: La Enseñanza de la Educación Física y el Deporte Escolar*. Almería.

Todd, J. y Currie, D. (2004). Sedentary behaviour . *Word Health Organization, 4*, 98-109.

Torsheim, T., Välimaa, R. y Danielson, M. (2004). Health and well-being. *Word Health Organization, 4*, 55-62.

Trost S.G., Sallis J.F., Pate R.R., Freedson P.S., Taylor W.C. y Dowda M. (2003). Evaluating a model of parental influence on youth physical activity. *Am J Prev Med, 25*, 277-282.

Valois, R.F., Umstattd, M.R., Zullig, K.J. y Paxton, R.J. (2008). Physical Activity Behaviors and Emotional Self-Efficacy: Is There a Relationship for Adolescents? *The Journal of School Health,78*(6), 321-328.

Van der Horst, K., Paw, M.J., Twisk, J.W. y Van Mechelen, W. (2007). A brief review on correlatos of physical activity and sedentariness in Routh. *Medicine and Science in Sports and Exercise, 39*(8), 1241-1250.

Van Praagh, E. (2002). Deporte y sedentarismo adulto. En M.J. Manidi y I. Dafflon-Arvanitou (Coord.). Actividad Física y Salud. Aportaciones de las ciencias humanas y sociales. Educación para la salud a traves de la actividad física (pp. 112-113). Barcelona: Masson.

Varo, J.J., Martínez-González, M.A., De Irala, J., Kearny, J., Gibney, M. y Martínez, J.A. (2003). Distribution and determinants of sedentary lifestyles in the European Union. *Int J Epidemiol*, (32), 138-146.

Vázquez, B. (1993). *Actitudes y prácticas deportivas de las mujeres españolas*. Madrid: Ministerio de Asuntos Sociales.

Vereecken, C.A., Todd, J., Roberts, C., Mulvihill, C. y Maes, L. (2006). Television viewing behaviour and associations with food habits in different countries. *Public Health Nutr, 9*(2), 244-250.

Wallace, L.S. y Buckworth, J. (2003). Longitudinal shifts in exercise stages of change in college students. *Journal of Sports Medicine and Physical Fitness, 43*, 209-212.

Whelton, S.P., Chin, A., Xin, X. y He, J. (2002). Effect of aerobic exercise on blod pressure: a meta-analysis of randimized, controlled trials. *Annals of International Medicine, 136*(7), 493-503.

World Health Organization. (2000). Obesity: Preventing and managing the global epidemic. Report of a a WHO consultation on obesity (Report series). Geneva: World Health Organization.

Yannakoulia, M., Karayaiannis, D., Terzidou, M., Kokkevi, A. y Sidossis, L.S. (2004). Nutrition-related habits of Greek adolescents. *Eur J Clin Nutr, 58*, 580-586.

www.ingramcontent.com/pod-product-compliance
Lightning Source LLC
Chambersburg PA
CBHW072136160426
43197CB00012B/2131